Johannes Witte

Beiträge zum Verständniss Kant's

Johannes Witte

Beiträge zum Verständniss Kant's

ISBN/EAN: 9783742809315

Hergestellt in Europa, USA, Kanada, Australien, Japan

Cover: Foto ©Andreas Hilbeck / pixelio.de

Manufactured and distributed by brebook publishing software (www.brebook.com)

Johannes Witte

Beiträge zum Verständniss Kant's

Beiträge zum Verständniss Kant's

von

Dr. Johannes Witte.

BERLIN.
Verlag von H. R. Mecklenburg.
1874.

Dem

Andenken meines Vaters.

Vorwort.

Selbst auf die Gefahr hin, nur für den Verfasser eines Commentars zu gelten, will ich nunmehr die nachfolgenden Beiträge zum Verständniss Kant's der Oeffentlichkeit übergeben. Dieselben sind für den Leser in der That nichts Anderes als ein Commentar und sollen zunächst auch nichts Anderes sein. Es kommt mir nur darauf an, dass diese Schrift, selbst in dieser Beschränkung, ihre Berechtigung neben anderen derselben Art dadurch behaupte, dass sie trotz deren grosser Anzahl in wesentlichen Beziehungen neue und wohl begründete Auffassungen der Kant'schen Kritiken enthalte. Nur weil ich dieses Vertrauen nach wiederholter und gewissenhafter Prüfung hege, wage ich mit diesen Untersuchungen hervorzutreten, und sollte ich mich in dieser Hoffnung nicht täuschen, so wird mich auch die weitere nicht betrügen, dass ich auf dem durch die nachfolgenden Forschungen geebneten Wege mit selbständigen Gedanken in die philosophischen Bewegungen der Gegenwart seiner Zeit werde eintreten können. Alsdann werden auch diese Untersuchungen eine höhere Bedeutung gewinnen, als es die eines Commentars zu sein scheint.

Doch sollte diese ihnen selbst verbleiben, was würde es auch schaden, wenn sie nur dieser ihrer Bestimmung wirklich genügten? Denn es dürfte durch die speculativen Forschungen neuster Zeit, weil sie oftmals in der Form von Commentaren erschienen sind, die Philosophie mit Unrecht in Misscredit gerathen sein. In dergleichen Arbeiten — ich verweise in Sonderheit auf Bona Meyer's „Kant's Psychologie"*) und Cohen's „Kant's Theorie der Erfahrung"**) — finden sich mehr als in den meisten Werken neurer Forscher,

---

*) Kant's Psychologie. Dargestellt und erörtert von Jürgen Bona Meyer. Berlin. Verl. v. W. Hertz 1870.
**) Kant's Theorie der Erfahrung von Dr. Herm. Cohen. Berlin. Ferd. Dümmler's Verlag 1871.

welche sogar mit dem Anspruche auftreten, neue Systeme zu enthalten, fleissige und dem Fortschritte der Wissenschaft wirklich dienende Untersuchungen. Die Ursache davon ist aber gerade in der Bescheidenheit der Aufgabe zu suchen, welche durch die Verfasser jener Schriften freilich schon dem Titel nach gewissermassen als die von Commentaren bezeichnet wird. Denn in der Wissenschaft soll man nicht eher Neues geben wollen, als bis man sich sorgfältig mit den anerkannt tüchtigen Vorgängern auseinandergesetzt hat. Der umgekehrte Weg ist der Grund, weshalb so manche Systeme neurer Philosophen, die erst nachträglich dieser Forderung sich erinnert haben, spurlos vorübergegangen sind. Wenigstens darf es uns nicht Wunder nehmen, wenn deren Verkündiger das, was sie an den Werken der Altmeister ihrer Wissenschaft in reiferen Jahren denn doch als bleibend erkannt hatten, hinterher nach ihren Lehren umzudeuten sich vergeblich abmüheten. Denn sie wollten nun blos ihre Ansicht in die alten Systeme hineinlegen, anstatt dass sie auf deren bleibende Momente ihre Lehren gründen gesollt hätten.

Wer also, wie es wohl in litterarischen Zeitschriften geschehen ist, die Philosophie der Gegenwart wegen ihrer commentarartigen Litteratur, besonders den Naturwissenschaften gegenüber, in Verfall begriffen glaubt, dem entgeht, dass gerade das Gegentheil der Fall ist. Denn eben diese Art von Werken bezeugt es, dass endlich auch die Philosophie in wirklich exacter Weise fortzuschreiten strebt. Man fühlt eben auch hier jetzt das Bedürfniss, nicht immer von vorn anzufangen und in fast naiver Weise irgend welche, vielleicht recht geniale Speculationen, als Wissenschaft hinzustellen. Man will vielmehr, an das wirklich Erwiesene und Haltbare anknüpfend, Bleibendes geben und den Weg betreten, auf dem allein die Naturwissenschaften so bedeutsam fortgeschritten sind und so gewaltige Ergebnisse errungen haben.

Kant aber hatte mit seinem Kriticismus zuerst diesen Weg in der Philosophie beschritten, sich zugleich als ein Bacon und Newton dieser Wissenschaft bewährend. Dass man ihn nicht eindringlicher studirt hatte, war Schuld, dass, zumal seit Hegel, die Philosophie wenig vom Fleck gekommen ist. Denn seit dem Hinscheiden dieses immerhin sehr bedeutsamen Philosophen ist auch der in ihm zuletzt mit hinreissender Gewalt hervorgetretene schöpferische Geist der Speculation fast ganz erloschen, nachdem die von Kant begonnene exacte Forschung in dieser Wissenschaft schon längst erstorben, ja eigentlich kaum jemals aufgenommen war. Sogar Reinhold und

Fries, die den Ruf der treusten Anhänger Kant's haben, wussten dessen Lehre auch nur so darzustellen, dass des Meisters exacte Ergebnisse weder vollständig noch unzweideutig und ungetrübt hervortraten. Ihre auf Kant bezüglichen Schriften sind, im besten Sinne betrachtet, ein objectiver Spiegel des unmittelbaren Eindrucks, den auf die bedeutenderen und für Kant's Richtung empfänglichen Geister der Kriticismus gemäss dem damaligen Standpunkte der Philosophie hervorbringen musste; sie sind also historisch unendlich werthvoll und daher mit Recht fleissig in den neusten philosophischen Schriften über Kant benutzt worden.

Wie sehr aber darauf bereits von Fichte Kant missverstanden worden ist, dies in wesentlichen Punkten darzuthun, werden wir noch in diesen Beiträgen selbst Gelegenheit finden; und wie weit sind gar erst die neben Fichte auftretenden und ihm folgenden bedeutenderen Systeme aus dem von Kant bezeichneten Geleise gewichen!

Unter dem Eindrucke andrer Philosopheme also, sei es der Neuzeit, wie von Anhängern Fichte's, Herbart's, Schopenhauer's, Schelling's und Hegel's, oder antiker Systeme, wie von Trendelenburg und Ueberweg, und daher von diesen in etwas ruhigerer und objectiverer Weise, ist Kant vielfach erklärt, aber zugleich fast eben so häufig missdeutet worden; denn in der That waren alle diese Commentare in wichtigen Punkten mehr Trübungen als Läuterungen Kant's. —

Wenn ich dies auch zum Theil von Trendelenburg behaupte, und dessen Ansichten an verschiedenen Stellen in diesen Beiträgen mit Nachdruck bekämpfen werde, so vereinigt sich dies für eine unbefangene Gesinnung wohl doch mit der aufrichtigsten Hochachtung, die ich für diesen meinen trefflichen Lehrer stets gehegt habe und ferner hegen werde. Denn die Bedeutung desselben — der Pietät eines dankbaren Schülers mag dieser Excurs zu Gute gehalten werden — liegt auf anderem Gebiete. Sind doch Trendelenburg's Verdienste um die Logik, ferner desselben vorzügliche Vorlesungen und Darstellungen, die dem Gebiete der Geschichte der Philosophie angehören, vor Allem die gründlichen Forschungen über Aristoteles von so unzweifelhaftem Werthe, dass auch denen seiner Schüler, die des Meisters metaphysischen Standpunkt und die von diesem nothwendig berührten Kritiken von Lehren Andrer nicht anzuerkennen vermögen, desselben Leistungen in der Philosophie ebenso unschätzbar wie das Andenken an seine liebenswürdige Persönlichkeit und segensreiche Lehrthätigkeit unvergesslich sein werden. Ueberdies ist es Trendelenburg gewesen, der zur Blüthezeit der Hegel'schen Philosophie durch muthvollen Hinweis auf Aristoteles und des letzteren bleibende Leistungen den Blick der Zeitgenossen von der unbedingten Bewunderung jenes epochemachenden Geistes ablenkte und dessen System, indem er es an der wundesten Stelle, von Seiten der Logik angriff, erfolgreich bekämpft hat. — Vor Allem aber verdanken gewiss Tausende von Schülern mit mir diesem, unseren besonnenen und lauteren, Lehrer die schlichte, von jedem phantastischen und überschwänglichen Charakter sich mit grössester Absichtlichkeit frei haltende Ueberlegung, Erörterung und, wie ich hoffe, auch Darstellung philosophischer Gegenstände. Auch die kritische Methode, die ich in diesen Beiträgen zu befolgen suche, habe ich in der Weise, wie ich sie hier anwende, von Trendelenburg erlernt.

Erst Bona Meyer also — um meine litterar-historische Uebersicht zu vollenden — und nach ihm Hermann Cohen haben in den oben angeführten Werken, beide mit aufrichtigster Hingabe an Kant und ersterer, da er nicht auf dem Standpunkte einer anderen Schule steht, auch ganz objectiv der Erforschung der Kritiken sich hingegeben. Auch Cohen hat sich mit ausserordentlichem Fleisse und Scharfsinn in Kant versenkt und, obschon er Herbartianer ist, dies objectiver zu thun versucht. Eben deshalb ist es ihm aber doch nicht gelungen. Denn ihn, der Kant gegen viele neue Forscher, wie besonders gegen Kuno Fischer, Trendelenburg und Ueberweg mit Erfolg in Schutz nimmt, hat andrerseits doch der Herbart'sche Standpunkt zu vielen und erheblichen Missdeutungen Kant's veranlasst. Bei der Wichtigkeit von Cohen's Schrift habe ich daher einen Excurs über dieselbe dem I. Beitrage beigefügt. Das Material zu noch eingehenderer Würdigung derselben habe ich zum Theil auch bereits zusammengestellt; es bedarf jedoch noch der Sichtung und geeigneten Abfassung, um an anderer Stelle später auch noch verwerthet zu werden.

Bei dieser Sachlage der Kant'schen Studien ist immer noch eine weitere und durchaus objective Erforschung des Kriticismus und der aus oben angeführten Gründen so wichtigen exacten Methode und der Ergebnisse desselben durchaus nothwendig, zumal die deutsche Nation sonst leicht das hundertjährige Jubiläum des Erscheinens von jenen epochemachenden Kritiken vorübergehen lassen möchte, ohne das System ihres grössesten Philosophen vollständig ausgebeutet und ergründet zu haben.

Dass diese Befürchtung nicht zur Wahrheit werde, dazu an seinem Theile beigetragen zu haben, dies würde dem Verfasser nachfolgender Untersuchungen die höchste Befriedigung gewähren und dies um so mehr, als er damit zugleich eine Pflicht der Pietät zu theilweiser Erfüllung gelangt sähe. Mein seliger Vater nämlich, dessen Andenken ich diese Beiträge dargebracht habe, ist es gewesen, welcher vor Allem mich auf den bleibenden Gehalt der Kant'schen Philosophie hingewiesen hat. So oft ich des lauteren Geistes der Wahrheit gedenke, mit welchem ich schon während der letzten Jahre meiner Gymnasialzeit und dann während der ersten vier Universitätssemester von ihm über Kant und Fichte die wichtigsten Aufschlüsse erhielt, so erfüllt mich eine tiefe Wehmuth, dass ich ihm, dem widrige Umstände nie die Musse und Ruhe zu stilistischer Ausarbeitung seiner tiefen und gelehrten philosophischen Kenntnisse vergönnten, diese Ergebnisse meiner durch ihn vor Allen angeregten Studien nicht bei Lebzeiten darbringen sollte, — dass nicht mehr sein leuchtendes Auge die Schicksale dieser Schrift mit segnendem Blicke begleiten kann. — —

Während von den neusten Forschern der Kant'schen Lehre Bona Meyer, indem er vor Allem die psychologische Grundlage in dessen Kritiken feststellt und rechtfertigt, die Kritik der r. und pr. Vn. fast gleichmässig berücksichtigt hat, Cohen jedoch, der besonders das Wesen des Transscendentalen ergründen will, sich hauptsächlich auf die Kritik der reinen Vernunft beschränkt, habe ich mir vorzugsweise die Darstellung der ethischen Principien Kant's zur Aufgabe gemacht und zwar mit dem besonderen der oben über die Aufgabe der gegenwärtigen Philosophie dargelegten Ansicht entsprechenden Ziele, den bleibenden Gewinn von Kant's ethischen Principien festzustellen. Der erste der nachfolgenden Beiträge hat daher wesentlich nur die Aufgabe, die Untersuchungen des zweiten gegenüber den Ergebnissen der Kr. der r. Vn. zu sichern.

BERLIN, im Februar 1874.

Joh. Witte.

Einleitung.

Die Aufgabe, den bleibenden Gewinn der Ergebnisse von Kant's Kritik der praktischen Vernunft für die Ethik festzustellen, welche das Ziel dieser Untersuchungen und im Besonderen Gegenstand des zweiten Beitrages ist, erscheint wesentlich als eine kritische. Darin liegt zugleich ihr Interesse und ihre Bedeutung für die Gegenwart.

Unter allen philosophischen Disciplinen werden nämlich stets die Systeme der praktischen Philosophie als die für die Anwendung im Leben wichtigsten von grössester Bedeutung sein; und zumal in einer Zeit, wie die gegenwärtige, wo das handelnde Leben in den glanzvollsten patriotischen Thaten die herrlichsten Triumphe gefeiert hat, werden sie die allgemeinste Theilnahme erregen. Es hat daher seinen guten Grund, wenn auch in der Philosophie die höhere Kritik, wo ihr verschiedene, gleich wichtige Fragen zu lösen übrig sind, aus ihnen zunächst solche wählt und erörtert, die geeignet sind, die Beziehung der Lehren unserer grossen Philosophen zu den willensstarken Handlungen unseres Volkes in das rechte Licht zu setzen. Wird doch dadurch nicht nur unseres Volkes Eigenart sowie die Innerlichkeit und Begeisterung seiner Vaterlandsliebe in ihren letzten und tiefsten Beweggründen aufgedeckt, sondern zugleich der Philosophie der ihr höchst wichtige Dienst geleistet, dass in einer Zeit, wo bei den grossen öffentlichen Tagesfragen das Interesse für jegliche Wissenschaft fast erstirbt, gerade für sie, die abstrakteste Disciplin, dennoch ein unmittelbarer Antheil der Gebildeten im Volke erregt und wach gehalten wird.

So viel über die volksthümliche Bedeutung der beregten Frage. Worin aber liegt ihr kritisches Interesse? Es liegt darin, dass einerseits, wie im Allgemeinen schon aus dem in der Vorrede S. VI, VII und VIII Ausgeführten hervorgeht, noch bis heute über den Werth der Kant'schen Lehre das Urtheil nicht endgültig gesprochen ist, dass aber, zumal über dessen Ethik, die aus eben angeführten Gründen auch sonst immer besonderes Interesse fand, die Meinungen vorzugsweise getheilt sind; — während andererseits doch fast allgemein anerkannt wird, dass Niemand sich so gründlich wie Kant mit der Ethik beschäftigt habe.

Zwar haben sich über die Bedeutung Kant's die verschiedenen Ansichten in neuerer Zeit mehr vereinigt, und man ist, wohl besonders in Folge des theilweisen Scheiterns der Hegel'schen Lehre, der Ansicht, dass mit Kant jeder nach diesem auftretende Philosoph sich auseinander setzen müsse.

Kuno Fischer urtheilt in der Schrift: „Kant's Leben und die Grundlage seiner Lehre, 3 Vorträge, Mannheim 1860" S. 2 über Kant: „Er ist vielleicht der bedeutendste Denker überhaupt, wenn „man die Geister vergleichen darf, abgesehen von den geschicht- „lichen Bedingungen ihrer Zeiten. Er ist unstreitig der erste „Denker unseres Zeitalters." Derselbe Gelehrte sagt (in seiner akademischen Rede: „Die beiden Kantischen Schulen 1862"): „Es „giebt keinen namhaften Denker seit Kant, der die eigene Lehre „nicht mit der Kantischen auseinandergesetzt, nicht aus dieser, sei „es durch Fortbildung oder Entgegensetzung abgeleitet hätte; kei- „nen, der nicht den Beweis hätte führen wollen, dass die Kantische „Lehre, richtig verstanden und unabhängig beurtheilt, geraden Wegs „zu der seinigen führe." Trendelenburg, in der ersten seiner „Vorlesungen über die philosophischen Systeme seit Kant" vom Sommer 1867, tadelt zwar die Grundansicht von Fortlage's Werk („Genetische Geschichte der Philosophie seit Kant"), dass alle neueren Systeme „Verzweigungen" eines Grundsystems, des Kantischen, seien. „Dies," sagte Trendelenburg wörtlich, „ist ein einseitiger Begriff. Aber so „viel ist richtig: Die Impulse hat Kant gegeben. Mit Kant ver- „ständigen sie sich alle, jedoch sind sie nicht blos Fortsetzungen des „Besonderen aus dem Allgemeinen, also nicht „Verzweigungen."" Selbst Ueberweg äussert sich im „Grundriss der Geschichte der Philosophie, Berlin 1864, 3. Theil, Neuzeit" S. 43: „Die späteren Rich- „tungen sind in gewissem Sinne modificirte Erweiterungen der frü- „heren unter dem Einfluss und zum Theil auf dem Boden des „Kantianismus."

Indess hinsichtlich des Verständnisses Kant's tritt auch noch in den neuesten Werken über denselben ein schroffer Gegensatz hervor; denn abgesehen von dem bekannten Streite zwischen Trendelenburg und Kuno Fischer stehen auch Bona Meyer's und Cohen's in der Vorrede erwähnte Schriften in fast unvereinbarem

Gegensatze zu einander. Erst durch Bona Meyer scheint mir eine wirklich gerechte Würdigung Kant's angebahnt zu sein. Mit Recht sagt derselbe in der Einleitung seiner Schrift „Kant's Psychologie" S. 2: „Es giebt ...... derartige Fragen, die mit „dem speculativen Fortschritt unserer Wissenschaft so eng zusam„menhängen, dass die Entscheidung über die Auffassung Kant's zu„gleich eine Entscheidung über die einzuschlagenden Wege der For„schung selber ist. Bei solchen Fragen verlohnt es sich wohl, die „Klarheit über das Problem in der Verständigung über Kant zu „suchen." Indem wir ebenfalls den Satz festhalten, dass Kant gewissermassen ein Kriterium für die Nachfolger bilde, bestimmen sich die Hauptabschnitte unserer Beiträge dadurch fast von selbst. Es wird eben etwas Bleibendes bei Kant von Allen anerkannt. Es werden demnach die zu behandelnden Kapitel in Bezug auf die Kritik der r. und pr. Vn. der Beantwortung folgender Fragen gewidmet sein: 1) Welches ist der Grundgedanke der in ihnen enthaltenen philosophischen Ansicht Kant's? 2) Was ist das Wahre an dem letzteren und welches sind die Irrthümer? Jedoch wird die Behandlung dieser Fragen hinsichtlich der reinen Vernunft auf das eingeschränkt werden, was zum Verständniss der Tendenz der Kantschen Philosophie überhaupt erforderlich ist, und im Einzelnen sich nur auf die Punkte richten, welche zugleich die theoretischen Voraussetzungen der Kritik der pr. Vn. betreffen und somit besonders das Verhältniss beider Kritiken zu einander angehen. Wenn wir sonach für unsere Beiträge zusammen vier Kapitel erhielten, von denen je zwei sich zu einer Darstellung und Kritik in einem Beitrage verbinden, so werden wir dem ersten, der von der Kr. d. r. Vn., als der Grundlage der gesammten philosophischen Ansicht Kant's, handelt, noch eines über die historische Entwickelung des Apriori hinzufügen, ohne welche die Tendenz der Kant'schen Lehre nicht vollkommen verständlich sein dürfte.

I.

Ueber den wahren Grundgedanken der philosophischen Ansicht Kant's.

Das Bleibende und Wichtigste der gesammten Kant'schen Lehre gipfelt in der Thatsache, dass Kant der Entdecker des **schöpferischen Apriori** ist.

Wir werden im Besonderen zur richtigen Beurtheilung der systematischen Grundlage der Ethik nach ihrem Zusammenhange mit dem übrigen Kant'schen Systeme nur dieses Moment des letzteren eingehend zu beleuchten nöthig haben, und dadurch zugleich einsehen, wie Kant's „praktische" Vernunft im Wesentlichen mit der „reinen" Vernunft übereinstimmt, und wie wenig sein ganzes System durch den irgendwo ausgesprochenen Tadel leidet, dass Kant sich eine Hinterthür offen gehalten, durch die er in die praktische Vernunft eingelassen, was er in der theoretischen verloren habe.

In der zunächst folgenden historischen Entwickelung des Apriori sowie in der Darstellung ist zwar vorzugsweise die „Kritik der reinen Vernunft" benutzt, jedoch unter steter Rücksicht auf die entsprechenden Abschnitte in den „Prologomenen zu jeder künftigen Metaphysik."*)

1. Kapitel.
Historische Entwickelung des Apriori.

Bei jener handelt es sich aber erstlich um die Umstände, durch welche veranlasst Kant das Apriori entdeckt hat, d. i. um den ihm bewussten Zusammenhang und Gegensatz seiner Entdeckung zu anderen Lehren, sodann um den Zusammenhang dieser Lehre und um ihre tieferen Gründe in dem Gange der philosophischen Entwickelung überhaupt. Ersteres erfordert die Darlegung der realen Genesis der Kant'schen Lehre in pragmatisch-historischer Weise, letztere

---

*) Kant's Werke citire ich jedesmal nach folgender, in meinem Besitze befindlichen Ausgabe von G. Hartenstein: Immanuel Kant's Werke, sorgfältig revidirte Ausgabe in zehn Bänden, Leipzig 1839.

gewinnen wir durch eine Nachweisung des höheren Zusammenhangs des Kant'schen Systems mit anderen philosophischen Gedankenbewegungen auf cultur-historischem Wege.

1. Kant's Entdeckung des Apriori.

Jene ist bereits bei Bona Meyer gegeben; und indem ich auf ihn a. a. O. S. 123—140 im Uebrigen hier verweise, begnüge ich mich mit Aufführung der Hauptpunkte.

Dort heisst es im Besonderen S. 130, um zunächst über die äussere Veranlassung der Entdeckung des Apriori zu reden: „Aus „den Prologomenen (III, 9) erfahren wir, dass es die Erinnerung „des David Hume war, die Kant vor vielen Jahren zuerst den dog„matischen Schlummer unterbrach und seinen Untersuchungen im „Felde der speculativen Philosophie eine ganz andere Richtung gab. „Mit Hume war er überzeugt, dass das Verhältniss von Ursache „und Wirkung nicht aus der Wahrnehmung der Folge erkannt, dass „also der Causalbegriff nicht aus der Erfahrung genommen werden „könne. Aber es wurde ihm klar, dass dann die Gewöhnung an die „häufige Wiederkehr einer bestimmten Folge auch nicht den Namen „Causalverknüpfung verdiene. Konnte der Causalbegriff aus der „Wahrnehmung der Folge nicht genommen werden, so musste er „entweder gar nicht in unserer Erkenntniss vorkommen, oder fand „er sich doch darin, so konnte er nur aus unserem eigenen Kopfe „stammen. Die Anwendung des Causalbegriffes zeigte dann eine von „unserer Vernunft selbst vorgenommene Verknüpfung der Dinge, „eine Synthese a priori. Nun versuchte Kant diesen Fund synthe„tischer Urtheile a priori zu erweitern." — Nur soweit folgen wir hier Bona Meyer's Worten. Denn was dort des Weiteren ausgeführt wird, ist schon eine kurze Entwickelung des Apriori selbst. Uns aber kommt es zunächst nur auf die historische Veranlassung, auf den Gegensatz Kant's zu Anderen und auf die Tendenz des Apriori an, nicht auf die Art der Ausführung derselben, die an sich von jener verschieden sein kann.

Für diese Tendenz hat aber Bona Meyer in den angeführten Worten nach meiner Ansicht einen sehr präcisen und treffenden Ausdruck gefunden, und ich will nur noch durch Hinweisung auf einige andere Stellen bei Kant diese Behauptung bestätigen und zugleich den Sinn dieser Tendenz erläutern.

Letztere geht bei Kant nach den obigen Worten erstlich auf eine Uebereinstimmung mit Hume und dann auf eine selbstständige

Entwickelung dessen, worin diese Uebereinstimmung liegt. Dass dadurch zugleich aber auch ein Gegensatz zu Hume herausgebildet wird, ist aus den Worten Meyer's nicht deutlich. Demselben kam es ja auch an jener Stelle nicht sowohl auf diesen historischen Anlass als auf den inductiven Weg der Entdeckung des Apriori an (cf. a. a. O. S. 129), den zu erweisen jener Anlass ein Mittel war. Dieser, der uns Hauptsache ist, war für Meyer Nebensache. Trotzdem liegt der Gegensatz in obigen Worten schon klar ausgesprochen, wenn er auch nicht gerade als Gegensatz zu Hume bezeichnet ist. Nachdem nämlich die Uebereinstimmung mit diesem in den Worten bezeichnet ist, dass „der Causalbegriff nicht aus der Erfahrung genommen werden könne," so wird nachher ein Dilemma gefolgert in den Worten: „Der Causalbegriff musste entweder gar nicht in der Erfahrung vorkommen oder aus unserem eigenen Kopfe stammen." Das Letztere folgerte Kant, und so entstand, wie nachher bei Bona Meyer auch wesentlich richtig entwickelt wird, Kant's Apriori. Das Erstere aber schloss Hume, und so entstand dessen Skepticismus, was bei Meyer nicht ausdrücklich erwähnt wird. Weniger klar ist die Darstellung des Verhältnisses von Kant zu Hume bei Cohen a. a. O. S. 3. Es könnte darnach scheinen, als sei der Umstand, dass Hume „die Causalität als apriorische Form widerlegt habe", Anlass zu seinem Zweifel an der Objectivität derselben geworden. Es war aber vielmehr das Unvermögen, die Nothwendigkeit apriorischer Begriffe anzuerkennen, und die Einsicht, dass wenn der Begriff der Causalität anderenfalls empirisch sein müsse, er sich vollends in den einer bloss zufälligen Gewöhnung auflöse, welche Hume's Skepticismus hervorrief. Nur scheinbar also hatte derselbe die Apriorität des Causalbegriffs widerlegt; nur dadurch, dass er die Nothwendigkeit apriorischer Formen nicht begriff und sich darüber zu keiner richtigen Vorstellung vom Wesen des wahrhaften Apriori zu erheben vermochte, ging letzteres ihm gänzlich verloren. Kant giebt diesen Zusammenhang und Gegensatz zu Hume an verschiedenen Stellen an, von denen ich die wichtigsten erwähnen will.

Es sind folgende: „Prologomena zu jeder künftigen Metaphysik", a. a. O. Bd. 3, S. 169—73; ebenda: S. 229—33 und S. 285—88. Die erst gedachte Stelle weist zurück auf die „Kritik der reinen Vernunft", a. a. O. Bd. 2. Man vergleiche besonders S. 49, S. 125 und 126. Am ausführlichsten aber geht das Verhältniss Kant's zu Hume aus der an diesen geknüpften Kritik des Skepticismus überhaupt hervor, die Kant in der Kritik der reinen Vernunft im Abschnitt „Von der Unmöglichkeit einer skeptischen Befriedigung der mit sich selbst veruneinigten reinen Vernunft" in der „Methodenlehre" 1. Hptst. Abschn. II jenes Werkes S. 569—77 giebt. Auch aus anderen Schriften Kant's würde dasselbe zu erschen sein, z. B. aus der Schrift: „Ueber die Preisfrage: Welches sind die wirklichen Fortschritte der Metaphysik seit Leibnitz u. s. w. nach Kant's Werken Bd. 3, S. 421."

Dies Ergebniss ist aber somit Folgendes: Der Apriorismus hat sogar schon seinem Anlasse nach, d. i. seiner Tendenz nach, zwei wesentliche Seiten: die Eine, die ihm mit dem Skepticismus gemein ist, können wir als die antidogmatische, die andere, die ihn über den letzten zu einem positiven Resultat erhebt, als die idealistische bezeichnen. Durch diese beiden Seiten hängt der Apriorismus Kant's mit der Vergangenheit zusammen, durch jene, wie gezeigt, mit Hume, durch diese mit dem Platonismus. Die Verbindung beider ist der nächste Unterschied der Lehre Kant's von den früheren. Die idealistische Seite aber führt uns zugleich in die tiefer liegenden Keime der Kant'schen Philosophie. Denn man kann sagen: Wenn der Skepticismus Hume's Kant den dogmatischen Schlummer unterbrach und ihn aufweckte, so hat der Platonismus ihn wach gehalten und zu seiner grossen philosophischen That befähigt.

Doch bevor ich dieses ausführe und auf den cultur-historischen Zusammenhang der Kant'schen Lehre eingehe, muss ich noch bemerken, dass das Wesen des Apriorismus nicht erschöpft ist durch die genannten beiden Seiten des Antidogmatismus und des Idealismus, durch welche Kant mit der Vergangenheit zusammenhängt, sondern dass der Apriorismus über jede dieser Seiten noch hinausführt, durch zwei neue Merkmale, die des Kriticismus und des Transscendentalismus. Nur wer die Bedeutung und das Verhältniss dieser vier Seiten der Kant'schen Philosophie zu einander sowie ihren Zusammenhang und Gegensatz hinsichtlich der Vergangenheit und Zukunft richtig begriffen oder zu begreifen sich bemüht hat, darf behaupten, Kant verstanden zu haben oder seinem Verständniss nahe getreten zu sein. Liegt doch in der kritischen und transscendentalen Seite das Eigenthümliche und Positive, wodurch der Antidogmatismus und Idealismus Kant's ihren neuen Inhalt empfangen, liegt doch in ihnen die eigenthümliche und bleibende Bedeutung des Apriorismus, durch welche dessen Wesen sich vollendet. Vorläufig begnügen wir uns mit diesen Bemerkungen, da wir hier, wo sich die Charakteristik der Kant'schen Philosophie im Gegensatz zur Vergangenheit von selbst ergab, zugleich deren Eigenart und Tendenz auch im Uebrigen wenigstens vollständig andeuten wollten. Der ausreichende Beweis für die beiden letzten Momente wird sich eben wegen ihres positiven Charakters erst aus der Darstellung des Inhalts des Apriori selbst ergeben.

2. Der culturhistorische Zusammenhang von Kant's Apriori mit früheren Lehren oder „Kant's Platonismus."

Als nächste Aufgabe blieb uns hier zu zeigen, dass die idealistische Seite, durch welche Kant in Gegensatz zu Hume trat, nicht nur in jenem selbst lag, sondern schon in dem Gange der gesammten vorangegangenen historischen Entwickelung und speciell im Platonismus vielfache Anregung gehabt hatte. Ich sage: in dem Gange der gesammten historischen Entwickelung. Darin liegt das Verborgene und Mittelbare dieser Einwirkung. Der Platonismus hatte nicht die directe Gewalt, Kant's Schlummer zu unterbrechen. Dies that, wie gezeigt, Hume's Skepticismus. Aber er hatte doch die Macht, Kant nicht schlechthin den Skepticismus annehmen zu lassen. Der Grund dieser verschiedenen Macht der Einwirkung beider Richtungen auf Kant, d. i. der äussere Grund dieser verschiedenen Einwirkung, liegt auf der Hand und ist sehr einfach, denn er ist eben nur einer der Zeit. Der Platonismus war eine längst überkommene, der Skepticismus eine sich eben aufs Neue Bahn brechende Lehre. Was nun aber die innere Bedeutung des Platonismus für Kant betrifft, so geht schon aus dem bisher Dargestellten hervor, dass auch der Platonismus, selbst im Gegensatz zum Skepticismus, nicht schlechthin Kant befriedigen konnte, sondern nur insofern, als er eben der skeptischen Richtung, nicht insofern, als er der dieser zu Grunde liegenden, auch von Kant anerkannten antidogmatischen Seite der Lehre Hume's entgegengesetzt ist.

Hier wäre nun der Beweis zu führen, dass Platon in Kant's Sinne Dogmatiker war. Nun ist nach Kant Dogmatismus „die Richtung, welche das gesammte Gebiet der Erfahrung überschreiten und besonders die theologischen Fundamentalsätze erweisen zu können glaubt", wie Ueberweg a. a. O. S. 34 mit Recht behauptet und aus Kant selbst „Vorrede zur ersten Ausgabe, Kritik der r. Vn." a. a. O. S. 3 und zur zweiten Auflage S. 29 und aus anderen Stellen hervorgeht. Es würde somit leicht sein, den oben gedachten Beweis zu liefern. Schon Platon's Unternehmen im Dialoge

„Phädon" die Unsterblichkeit der Seele zu erweisen und die Art der ontologischen Begründung aus der Ideenlehre daselbst, genügt ja, um selbst dem oberflächlichsten Kenner Platons darzuthun, dass dieser gemäss den angegebenen Kriterien Kant's Dogmatiker ist. Eine ausführliche Darlegung dieser Ansicht würde uns jedoch tiefer in die Lehre Platon's einführen, als es hier am Orte ist. Da aber Kant gerade als Antidogmatiker dem Skepticismus verwandt ist, so folgt, dass er nur insofern Platoniker sein konnte, als er nicht Skeptiker war.

Dass dies wirklich der Fall ist, bedarf freilich einer besonderen Untersuchung und um so mehr, als diese Aufgabe von Anderen, so viel mir bekannt, bisher in keiner Weise befriedigend gelöst ist. Eben deshalb müsste dieselbe aber auch eine solche Ausdehnung haben, dass wir sie hier nicht anstellen können. Doch zweifeln wir nicht, dass eine eingehende Beleuchtung des Verhältnisses der Ideenlehre Platon's zu Kant, besonders auf Grund der „transscendentalen Dialektik" in der Kr. d. r. V. zu unserer Ansicht hinführen muss. Für die Verwandtschaft Platon's mit Kant ist in Sonderheit auf S. 289 und 294 ff. an jener Stelle zu verweisen und zu betonen, dass selbst Aristoteles nicht zu derselben Höhe der metaphysischen Anschauung gelangt war wie Platon und daher nicht in gleicher Weise wie dieser Kant zu seinem Idealismus anregen und in demselben befestigen konnte. Andrerseits aber wird sich aus der Einschränkung der Anwendung der Ideen „auf einen regulativen Gebrauch" bei Kant Folgendes für des letzteren Verhältniss zu Platon ergeben. Gemeinsam ist den Ideen beider, dass sie sich nicht auf die Erfahrung beziehen, gemeinsam auch, dass sie reale Bedeutung für etwas, das gänzlich (nach Ursprung und Anwendung) ausserhalb der Erfahrung liegt, in Anspruch nehmen. Der Unterschied aber besteht darin, dass Platon speculative Erkenntniss jenseit der Erfahrung für möglich hält, Kant solche leugnet und nur einen regulativen Gebrauch von inhaltlich logischer Art, die Vollständigkeit der Erfahrungserkenntniss nach drei Richtungen zu sichern, anerkennt. Also ist Kant in der That nur so weit Platoniker, als er nicht Skeptiker ist, folglich nicht in der Art, dass er in Dogmatismus zurückfiele. — Im Allgemeinen wird der Einfluss Platon's auf Kant auch wohl von Anderen anerkannt, jedoch das Bleibende dieses Einflusses durch Ueberschätzung des Aristoteles verkleinert. Die Lehre des letzteren ist nicht in dem Maasse, wie oft die Gegenwart glaubt, eine Verbesserung von Platon's Ideen, sondern vielmehr eine Ergänzung derselben, eine Anwendung, Erweiterung und Füllung der Ideen durch methodisch beobachtete empirische Thatsachen. Trotzdem äusserte selbst Trendelenburg, der Aristoteles über Alle erhebt, in den Vorlesungen über die philosophischen Systeme seit Kant: „Das Apriori'sche hat bei Kant stets eine Verwandtschaft mit dem Platonismus", und er konnte in den „Vorlesungen über die Geschichte der Philosophie" nicht umhin, als er auf Spinoza's Lehre zu sprechen kam, von den vor diesem herrschend gewesenen Hauptrichtungen die ideale auch in ihrer bleibenden Bedeutung nicht nach Aristoteles sondern nach Platon zu bezeichnen und eben „Platonismus" zu nennen.

Warum aber war gerade Platon am meisten im Stande, das Gegengewicht gegen Hume's Skepticismus zu halten? Hier sind zwei Fälle möglich. Entweder war die platonische Richtung der Philosophie gerade zu Kant's Zeiten zu neuem Ansehen gelangt, und es begreift sich dann die Gewalt ihrer Einwirkung auf Kant aus der Unmittelbarkeit des zeitlichen Einflusses, wie dies vom Verhältnisse des Hume'schen Skepticismus zu Kant galt; oder es lag in dem Wesen der platonischen Philosophie selbst, dass gerade sie trotz mancher wesentlicher Mängel doch eben die Momente enthielt, die zu der unbefriedigenden skeptischen Seite der Hume'schen Lehre den kräftigsten Gegensatz bildeten und begründeten. — Schon ein flüchtiger Blick auf die Geschichte der Philosophie der damaligen Zeit genügt zum Beweise, dass das Erstere nicht der Fall war. Denn neben der Hume'schen Richtung herrschte zu Kant's Jugendzeiten in Frankreich die Aufklärungsphilosophie eines Voltaire, Rousseau und der Encyclopädisten, welche nur eine Anwendung jener skeptischen oder der ihr in gewissem Sinne — nämlich in der Theorie der Erkenntniss durch den Gegensatz zum idealen Dogmatismus — verwandten empirischen Richtung Locke's auf dem Gebiet der Religion und Politik war. Hier also war schon wegen der Beziehung zu Hume keine Aufnahme platonischer Ansichten möglich. Andererseits reagirte zu gleicher Zeit in Deutschland gegen jene Richtungen die Leibnitz-Wolff'sche Philosophie. Auch diese hat aber geringe Berührung mit Platon, ja sie steht diesem, trotz ihrer intellectuellen Seite, durch den in ihr herrschenden Monismus, durch die positive Annahme eines erkennbaren gemeinsamen Quells des Seelischen und Physischen in der Monade und durch die damit verbundene Vergeistigung der Materie schroff gegenüber.

Hiermit stimmt auch das Ergebniss einer schlichten, aber sehr fleissigen und verständigen Inaugural-Dissertation von Arth. Reinhardt,

Jena 1873. Dieselbe schliesst S. 25 mit folgenden Worten: „Ist hiermit gezeigt, dass die beiden Hauptpunkte des Leibnitzschen Monadenbegriffes, die Begriffe der einheitlichen Substanz und der Kraft, in historischer Anknüpfung an die Systeme von Gassendi und Descartes, „aus naturwissenschaftlichen Gründen" heraus sich gebildet haben, so lässt sich daraus genugsam erkennen, dass Leibnitz nicht allein aus speculativen sondern auch aus physikalisch-naturwissenschaftlichen Gesichtspunkten zu seiner Monadenlehre gekommen ist." Auch muss in der That der Platonismus wohl bei einem Systeme zu kurz kommen, von dem sein Urheber sagt: „Dies System vereinigt den Plato mit dem Demokritus, den Aristoteles und Descartes, die Scholastiker und die neueren Philosophen, die Theologie und Moral mit der Vernunft," Leibnitz „Philos. Werke nach Raspens Sammlung. Aus dem Französ. von J. G. F. Ulrich, Halle 1778," Bd. 1 S. 129 unten. — Andrerseits aber beweist des Leibnitz Lehre von den angeborenen Begriffen (im 1. Buch seiner „Neuen Versuche über den menschlichen Verstand" am a. O. Bd. 1 S. 123—209), dass auch er Kant mit angeregt hat zu dem in der Kritik der r. Vn. behandelten metaphysischen Probleme: von der apriorischen Beschaffenheit des Ursprungs unserer Erkenntniss deren Geltung und Gewissheit abhangen zu lassen. Allein die Lösung des Problems bei Kant ist eine so abweichende, dass er zu dem, was derselben eigenthümlich ist, eben nur durch eine einerseits mit Hume, andrerseits aber mit Platon unmittelbar vorhandene innere Verwandtschaft gelangt sein konnte.

Wenn sonach Platon in den der Kant'schen Philosophie unmittelbar vorangehenden Richtungen keine Aufnahme und Anerkennung fand, so kann diese ihm durch Kant nur wegen innerer Verwandtschaft, die seine Lehre mit dem hatte, was dem Skepticismus gegenüber Noth that, gefunden werden. Dass eine solche Verwandtschaft vorhanden ist, geht schon aus dem oben (S. 8 u. 9) erörterten Verhältnisse Kant's zu Platon hervor; dennoch könnte man sagen, es läge vielleicht mehr an Kant, gerade diese Momente bei Platon hervorgehoben zu haben, als sie in des letzteren Philosophie von selbst hervortreten. Dem ist aber nicht so. Vielmehr halte ich es für wichtig, darauf aufmerksam zu machen, dass in Kant auf's Neue der Platonismus dem Skepticismus des Hume so gegenübertrat, wie er einst derselben Richtung der Sophisten gegenüber eine gleiche Mission erfüllt und sich als siegreicher Widersacher des Skepticismus bewährt hatte. Es ist also nichts Zufälliges noch etwas nur in Kant's Eigenthümlichkeit Begründetes, dass er gerade durch den Platonismus gegen Hume reagirte, sondern es zeigt sich darin ein nothwendiges Gesetz historischer Entwickelung im Gebiete der Philosophie. Die Begründung dieser, hier zum Theil nur a priori hingestellten Behauptung, beruht auf der Thatsache, dass besonders in der griechischen Philosophie der Idealismus, erst als er in Platon seinen Gipfel erreicht hatte, den Skepticismus vollkommen zu besiegen vermochte. Wie er aber damals in Platon selbst den Sophisten gegenübertrat, so griff man auch später in ähnlichen Fällen zu dessen Lehre zurück. Denn als es bei Juden und bei Heiden galt, dem im Paulinismus immer mehr an Boden gewinnenden Christenthum gegenüber Stellung zu nehmen, so suchte bei jenen Philo die alten mosaischen Anschauungen zu vertiefen, während Plotinus bei diesen in einer eigenthümlichen Umgestaltung der platonischen Philosophie eine neue Lehre bot, die den Mangel der antiken religiösen Anschauung ersetzen und dadurch das Heidenthum verinnerlichen sollte. Wie aber die Christen durch die Lehre ihres Meisters, der zugleich der Meister der ganzen Menschheit ist, so suchte auch sowohl die jüdisch-alexandrinische als römisch-griechische Welt auf solche Weise der damaligen Zersetzung und Revolution der Ansichten entgegen zu treten. Bei diesen kurzen Bemerkungen bin ich den Darstellungen Zeller's in seinem berühmten Werke: „Die Philosophie der Griechen" sowie Ueberweg's erwähntem Grundrisse, Th. I., gefolgt, hinsichtlich der Hervorhebung Platon's aber in dem angegebenen Sinne der Auffassung Böckh's. Dieselbe hat mitgetheilt E. Bratuscheck in dem Aufsatze „August Böckh als Platoniker" in den „Philos. Monatsheften von J. Bergmann," 1. Bd., Heft 4 u. 5, S. 257—349, vgl. auch E. Bratuscheck „die Bedeutung der platon. Philosophie für die religiösen Fragen der Gegenwart" im Michaelis-Programm der Berl. Louisenschule 1873.

Auf diese Art liesse sich im Alterthum und auf ähnliche im Mittelalter, besonders aber in der Neuzeit zeigen, dass der Platonismus stets vornehmlich geeignet war, gegen auflösende Ansichten ein Heilmittel zu bieten und dass überhaupt, zumal aber in der Neuzeit, eine analoge Gedankenbewegung stattfindet wie im Alterthum, nur immer in höherer Potenz wiederkehrend. Hier jedoch erlaubt weder Zeit noch Raum, diese Untersuchung durchzuführen.

Nachdem wir auf solche Weise die Tendenz des Apriorismus unserem Zwecke gemäss entwickelt haben, kommen wir zur Darstellung seines Inhalts. Doch ehe ich zu dieser übergehe, muss ich noch auf einen Punkt zurückkommen, den ich in diesem Abschnitte über Kant's Platonismus berührt habe. Ich musste nämlich oben S. 10 u. 11 von dem Verhältniss Kant's zu Leibnitz sprechen. Dies nöthigt mich aber auch dessen zu gedenken, was über dasselbe Herr. Cohen des Weiteren ausgeführt hat. Denn ich kann die Meinung desselben nur zum Theil billigen. Da dieselbe aber auf Voraussetzungen beruht, die in verschiedenen wesentlichen Punkten mir entgegengesetzte Auffassungen Kant's hervorgerufen haben, so scheint es nicht ungeeignet, den gedachten principiellen Irrthum Cohen's an dieser Stelle in einem besonderen Excurse zu beleuchten. Ich erhalte dadurch die Gelegenheit, meine in vielen Beziehungen von Cohen abweichende Darstellung Kant's wenigstens von einer Seite her durch eine Kritik des jenem anderen Ausleger selbst eigenthümlichen Standpunktes zu begründen und zu schützen, während eine ausführliche Beurtheilung von „Kant's Theorie der Erfahrung" und selbst nur des Verhältnisses, in welchem dieselbe zu meinen hier unternommenen Untersuchungen steht, einer besonderen Abhandlung vorbehalten bleiben muss.

Excurs über „Kant's Theorie der Erfahrung von Herm. Cohen".

1. Hermann Cohen behauptet in der vorgedachten Schrift über das Verhältniss von Kant zu Leibnitz hinsichtlich des Problems von den angeborenen Ideen, dass jener dies überwunden habe (a. a. O. S. 2). Dies ist aber nicht richtig oder wenigstens nicht in dem von Cohen behaupteten Sinne. Kant hat nicht das Problem von den angeborenen Ideen überwunden, sondern nur den Gegensatz von „angeboren" und „erworben" in Bezug auf das Apriori und also auch in Bezug auf das an dasselbe geknüpfte metaphysische Problem. Cohen indess will die apriorischen Formen als „erworben" angesehen wissen. „Vor Kant „war die Philosophie seit mehr als einem Jahrhundert mit der Frage beschäftigt, ob unsere Vorstellungen angeboren oder erworben seien." Mit dieser Erzählung beginnt Cohen seine in Rede stehende Schrift (S. 1). „Diese Frage scheint nur den Ursprung unseres Wissens zu betreffen; aber sie zielt auch auf die Geltung desselben." Letztere Worte Cohen's, die Kant's Ansicht geben sollen, entsprechen dieser aber nicht. Oder ist nicht, wie wir sehen werden, das Apriori von aller Erfahrung unabhängig, also auch von jeder endlichen Entstehungsweise, gleichviel, ob letztere das Angeboren- oder Erworben-Werden betrifft? Somit ist in dem zuletzt angeführten Satze Cohen's zwar wohl das richtig, dass der „Ursprung" des Wissens nothwendige Beziehung zu dessen Geltung habe, aber falsch ist, dass dieser Ursprung mit der Frage, ob angeboren oder erworben, in Zusammenhang gebracht wird. Nach Kant ist der Ursprung, als der absolute, von jeder endlichen Entstehungsweise unabhängige Quell unseres Erkennens, vermöge seiner apriorischen Natur über jenen Gegensatz erhaben und von dem zeitlichen „Anfange", der in der Erfahrung liegt, vollständig verschieden. Hätte Kant

den letzteren ergründen wollen, so ist nach einer Stelle, die ich alsbald anführen
werde, wohl wahrscheinlich, dass er sich für die Entstehung jedes **individuellen**
seelischen Besitzes durch **Erwerbung** entschieden haben würde. Hinsichtlich des
metaphysischen Ursprungs aber ist für die Erkenntniss nicht das Dilemma, ob
„**angeboren**" oder „**erworben**", sondern ob „**apriori oder erworben**" vorhanden und für das Erstere entscheidet sich Kant in der Weise, dass er es mit dem
anderen für unverträglich hält. Denn es heisst „Kritik der reinen Vernunft" Werke
Bd. 2, S. 151: „entweder die Erfahrung macht die Begriffe oder diese machen die
Erfahrung möglich. Das Erstere findet nicht in Ansehung der Kategorien (auch nicht
der reinen sinnlichen Anschauung) statt; denn sie sind Begriffe „**apriori**" **mit-**
hin unabhängig von der Erfahrung (die Behauptung eines empirischen Ursprungs wäre eine Art von generatio aequivoca). Folglich bleibt **nur das Zweite**
übrig". . . . Also ist sowohl der Ursprung der reinen Anschauungen wie der Kategorien von **Erfahrung**, nicht blos von Erfahrung**en**, wie Cohen S. 92 urtheilt,
unabhängig. An derselben Stelle bei Kant weiter unten heisst es ferner: „Wollte
Jemand zwischen den zwei . . . . genannten **einzigen** Wegen noch einen Mittelweg
vorschlagen, nämlich dass sie weder selbstgedachte erste Principien apriori unserer Erkenntniss noch auch aus der Erfahrung geschöpft, sondern subjective, uns mit unserer
Existenz zugleich eingepflanzte Anlagen zum denken wären, die von unserem Urheber
so eingerichtet worden, dass ihr Gebrauch mit den Gesetzen der Natur, an welchen
die Erfahrung fortläuft, genau stimmte (eine Art von Präformationssystem der reinen
Vernunft), so würde (ausser dem, dass bei einer solchen Hypothese kein Ende abzusehen ist, wie weit man die Voraussetzung vorbestimmter Anlagen zu künftigen
Urtheilen treiben möchte), **das** wider gedachten Mittelweg entscheidend sein: dass in
solchem Falle den Kategorien die **Nothwendigkeit** mangeln würde, die ihrem
Begriff wesentlich angehört. Denn z. B. der Begriff Ursache . . . . . würde falsch
sein, wenn er nur auf einer beliebigen uns eingepflanzten subjectiven Nothwendigkeit
gewisse empirische Vorstellungen nach einer solchen Regel des Verhältnisses zu verbinden, beruhen würde." In gleicher Weise verwirft Kant hiernach das angeborene
wie das empirisch entstandene Apriori, also auch das Entstehen durch Erwerbung,
das ju empirisch sein würde. Zwar sagt Kant in einer auch bei Cohen S. 102—3
citirten Stelle aus seiner Schrift an Eberhard „Ueber eine Entdeckung, nach der alle
Kritik entbehrlich werden soll" (Werke, Bd. 3 S. 360—61), dass die Kritik der reinen
Vernunft oft alle ihre Vorstellungen als „erworben" annehme. Jedoch will er diese
Erwerbung doch nur als eine ursprüngliche (originaria) betrachtet wissen. Ausserdem
lässt er selbst diese nur für die **Vorstellungen**, für die concreten Acte, in denen
das Apriori offenbar wird und die, insofern eben dies geschieht, als ursprüngliche
Erwerbungen behauptet werden, gelten, aber nicht für den formalen Grund derselben.
Denn es heisst ebd. S. 360: „Es muss aber doch ein Grund dazu im Subjecte sein, der es möglich macht, dass die gedachten Vorstellungen so und nicht
anders entstehen, und noch dazu auf Objecte, die noch nicht gegeben sind, bezogen
werden können **und dieser Grund wenigstens ist angeboren**. . . . . Dieser
erste formelle Grund z. B. der Möglichkeit einer Raumesausgrenzung **ist allein**
angeboren, nicht die Raumvorstellung selbst." Also kann man sagen, dass
Kant im Gegensatz zu Leibnitz angeborene Ideen, nicht dass er angeborene **Formen**
leugnet, was Cohen S. 3 hätte bedenken sollen. Dieses Angeboren-Sein ist also nicht
in dem gewöhnlichen Sinne, nicht in dem der von Kant an oben angeführter Stelle
verworfenen Präformation zu verstehen. Während diese apriorischen Inhalt als An-

lage annimmt und aus sich die Nothwendigkeit der Sache in unmöglicher Weise erreichen will, soll die angeborene apriorische Form nur Beziehung zum Object haben und die Nothwendigkeit der Erkenntniss erklären. Das Angeboren-Sein der apriorischen Form ist also nur der Erwerbung apriorischen, nicht des individuellen selischen Besitzes entgegengesetzt. Diese Art des Angebornen ist also, wie in jener Stelle der Kritik der reinen Vernunft das Apriori selber, sowohl mit empirischer Entstehung wie mit einer materiellen apriorischen Anlage unvereinbar. Dieses angeborene Apriori hat nur dynamischen, nicht technischen Werth für das Individuum. Es beherrscht objectiv und allgemein dessen einzelne selische Handlungen, ruft aber nicht deren individuelles Entstehen hervor. Es ist vor und mit ihnen, nicht durch sie, noch diese blos durch jenes da. — Also ist kein „Schwanken" bei Kant vorhanden, wie Cohen S. 103 annimmt. Obschon nämlich die oben angeführte Schrift von Eberhard später ist als sogar die zweite Ausgabe der Kritik der reinen Vernunft, soll sich doch in der transscendentalen Logik der letzteren erst das Apriori nach Cohen S. 104 so „vertieft" haben, dass solch Schwanken, wie in jener späteren Schrift an Eberhard, nicht mehr möglich war. Es ist aber auch in letzterer, wie oben gezeigt, durchaus kein Schwanken, sondern Kant hat in ihr gerade wie in der Kritik der reinen Vernunft das Apriori über die Disjunction: ob angeboren (nämlich im gewöhnlichen Sinne) oder erworben, hinweggehoben.

2. Cohen aber kommt über die Disjunction: „angeboren oder erworben?" (siehe S. 87 der Theor. der Erf.) nicht hinweg und da ihm die: ob apriori oder erworben? entgeht, so bleibt nur letztere Entstehungsweise für sein Apriori übrig. So geschieht es, dass dieser erste Grundirrthum noch diesen zweiten erzeugt, die apriorischen Formen als psychologische Processe zu fassen. Denn ist das Apriori erworben, so muss auch die Art des Erwerbes sich bestimmen lassen und so entsteht bei dieser Ansicht ganz folgerecht die Aufgabe: „die Kant'schen Kategorien im psychologischen Processe", wie es S. 39 bei Cohen heisst, oder „die apriorischen Formen in psychologische Processe aufzulösen," wie er sich S. 162 ausdrückt. Wie aber eine derartige Absicht mit Kant's Apriori vereinbar sein soll, ist freilich schon nach dem oben ad 1 Gesagten unerfindlich. Und doch macht Cohen mit seiner Absicht vollkommen Ernst; denn nachdem er S. 40 ff. gezeigt, dass Kant's Formen (nämlich Raum und Zeit) nicht fertige Organe sind, behauptet er S. 46, sie seien „Acte", d. h. er will dargethan haben, dass dieselben für psychologische Processe gelten müssen, Kant's Lehre sich also mit Herbart's in Uebereinstimmung bringen lasse. Wir haben aber bereits angedeutet — und unsere Darstellung von Kant's Lehre wird es im Einzelnen bestätigen —, weshalb das Apriori als solches über den Gegensatz von angeboren und erworben erhaben ist; dasselbe muss demgemäss auch von jeder individuellen Entstehungsart, welche an die Endlichkeit und deren Bedingungen, wie es auch von der zeitlichen der selischen Acte gilt, sich knüpft, durchaus unabhängig sein und es spottet somit auch jeder Auflösung in psychologische Vorgänge. Bei diesem irrigen Standpunkte Cohen's erscheint die Mühe, die er sich S. 88 giebt, Herbart der Verwechselung des psychologisch Anfänglichen mit dem metaphysisch Ursprünglichen zu zeihen, fast überflüssig. Denn so gelungen dieser Nachweis auch ist, hat er für seinen Verfasser doch nur den Werth, Herbart einen historischen, nicht einen absoluten Irrthum nachgewiesen zu haben. Hält ja mit Herbart auch Cohen es für Aufgabe der Gegenwart, die Kategorien im psychologischen Processe aufzulösen, nur Kant's Aufgabe soll das noch nicht gewesen sein. Wir haben aber angedeutet, ja der Hauptsache nach soeben dargethan, — und aus unserer Darstellung des Apriori

wird es noch genauer einleuchten —, dass Kant's Apriori überhaupt mit psychologischen Processen nichts zu schaffen hat und da das Apriori Fundament der Metaphysik ist, so sind auch von dieser jene psychologischen Vorgänge bei ihm ausgeschlossen. Wer daher Kant anerkennt, für den ist zugleich Herbart widerlegt und jeder Versuch, der es unternimmt, metaphysische Probleme auf psychologischem Wege zu erledigen. An diesem Irrthum krankt bei Cohen der ganze Abschnitt III „der Raum als Form des äusseren Sinnes" und die folgenden, sofern sie dessen Consequenzen sind.

3. In eben diesem war auch derselbe Irrthum Cohen's, wie schon erwähnt, Anlass geworden, den Begriff apriorischer Form unrichtig zu fassen. Dieselbe ist keine blosse Abstraction, wie Cohen will, wenn er S. 83—84 sagt: „Die apriorische Form wird sich ganz und gar als wissenschaftliche Abstraction bekennen." Vielmehr ist das Apriori, wie wir noch genugsam sehen werden, ein Reales im Geiste; ein stets vorhandenes, von allem endlichen Wechsel unberührtes, Reale; nicht blos ein abstracter, sondern ein, wenngleich seinem Ursprunge nach subjectiver, d. i. ganz innerlicher, doch ein Besitz eines Wirklichen im Geiste. Raum und Zeit sowie die Kategorien waren aber als apriorische Formen der Anschauung, resp. des Verstandes auch nicht blosse Acte und sie sind nach dem eben Gezeigten subjectiv real, ehe sie in Erkenntnissacten hervortreten. Freilich sind sie keine „Organe" oder „leere Gefässe", aber ebensowenig erst mit dem Erkennen, erst auf individuelle Weise entstehende Acte, sondern absolute apriorische Grundformen, von welchen jene Acte selber nothwendig bestimmt werden. — Der Ausdruck „Form" trifft für diese apriorischen Momente nur wegen ihrer Inhaltlosigkeit zu und ist deswegen sogar unersetzlich, sonst aber hat er mit keiner Form im endlichen Sinne, mit keiner Gestalt irgend etwas gemein. — Daher leistet form al bei Kant das Apriori allerdings das, was Cohen S. 2 dem Leibnitz'schen ganz abspricht. Denn „es macht klar, dass « wir mit unserem Denken die Realität der Dinge zum Theil, sofern sie als Erscheinungen nothwendig formal bestimmt sind, erfassen können. Diese Bestimmung erzeugt eben das Apriori und erschliesst sie uns wieder. Nicht blos „was wir in die Dinge legen," wie Cohen oft äussert, sondern was wir durch das auch in uns offenbarte Apriori in sie gelegt finden, das erkennen wir. Nur muss unser Auge erst sonnenhaft geworden sein und das Licht in seinem lauteren Glanze ertragen gelernt haben.

Wenn Cohen die ad 2 und 3 dieses Excurses gerügten Irrthümer nicht aufgiebt, so verfällt er demnach selber in den an Bona Meyer von ihm S. 123 getadelten Fehler, denn auch von ihm „wäre die Disciplin der Metaphysik überhaupt in die der Psychologie aufgelöst." Auch geht schon nach unseren bisherigen Auseinandersetzungen es nicht an, mit Cohen S. 125 die Ansicht Bona Meyer's abzulehnen, dass die transscendentale Logik als die metaphysische Vorarbeit von der allgemeinen reinen Logik von Kant ausgeschieden sei.

4. Dass Cohen das Apriori, obschon es allem Empirischen seinem Ursprunge und Wesen nach entgegengesetzt sein soll, durch Auflösung der Anschauungsformen und Kategorien in psychologische Processe, denn doch empirisch, nur auf eine zum Theil neue Weise, verflachen will, ist aber eine Folge seines Missverstehens der von Kant durchgeführten Gesammtleistung. Aus dieser, sofort darzulegenden Täuschung, hat sich dann weiter eine falsche Auffassung der transscendentalen und zum Theil auch der übrigen von uns bezeichneten Seiten des Apriori ergeben sowie des Verhältnisses, in welchem die beiden Haupttheile, in die die Elementarlehre der Kr. d. r. Vn. zerfällt, die transsc. Aesthetik und Logik stehen.

Jene Missdeutung der gesammten Aufgabe und des Zieles von Kant's Philosophie tritt aber sogleich in der Einleitung von Cohen's Werk hervor und ist in folgenden Worten auf S. 3 daselbst enthalten: „Die Kritik der reinen Vernunft ist Kritik der Erfahrung." Wer den Zusammenhang, in welchem diese Worte stehen, nicht kennt, dürfte schier erschrecken, das Ziel des epochemachendsten von Kant's Werken derartig beschränkt zu finden. Doch sehen wir Cohens Begründung an! Die Sätze, die auf eben jener Seite dem angeführten vorangehen, lauten:

„„Dass alle unsere Erkenntniss mit der Erfahrung anfange, daran ist gar „„kein Zweifel. .... Wenn aber gleich alle unsere Erkenntniss mit der „„Erfahrung anhebt, so entspringt sie darum doch nicht eben alle aus „„der Erfahrung."" Dies ist der erste Satz der Kritik.

„In diesem Satze wird die Erfahrung [sic!] als ein Räthsel aufgegeben." Sollte letzteres wirklich der Fall sein? Wenigstens in jener ersten Kant'schen Prämisse: „dass alle unsere Erkenntniss mit der Erfahrung anfange, daran ist gar kein Zweifel", — in der also, meine ich, ist die Erfahrung durchaus nichts Räthselhaftes, sondern bekannter, ja zweifelloser Anfang. Vielleicht aber liegt das Räthselhafte derselben im anderen der citirten Kant'schen Sätze. „Wenn aber gleich alle Erkenntniss mit der Erfahrung anhebt, so entspringt sie [d. i. doch wohl die Erkenntniss] darum doch nicht eben alle aus der Erfahrung. Was also bleibt denn hier dunkel? Ich dächte: das Entspringen, der Ursprung und zwar der der Erkenntniss, nicht etwa der Erfahrung. Zeitlicher Anfang und wirklicher Ursprung sind in Gegensatz gebracht, wie es Cohen auch in dem Druck der Kant'schen Worte richtig hervorhebt, und wessen zeitlicher Anfang und wessen wirklicher Ursprung? Nach dem grammatischen und logischen Zusammenhange der auch von Cohen richtig citirten Sätze Kant's: der unserer „Erkenntniss." In wiefern aber sind jener Anfang und dieser Ursprung entgegen gesetzt? Insofern, als der erste bekannt ist, nämlich die Erfahrung, der letzte unbekannt gelassen wird, nämlich der Ursprung unserer Erkenntniss. Deren Zustandekommen oder sie selbst hinsichtlich ihres Quells ist also das Räthsel, nicht die Erfahrung, die ja der zweifellose Ausgangspunkt alles Erkennens war. Also bestimmt Cohen irrthümlich die Erfahrung anstatt der Erkenntniss als das in dem zweiten Kant'schen Satze aufgegebene Räthsel, und ebenso ist der Inhalt der Kant'schen Philosophie nicht, als Auflösung jenes Räthsels, Kritik der Erfahrung. Hätte Kant dies gewollt, so hätte er selber sein Werk so bezeichnet, denn er ist wahrhaftig bestimmt genug in der Wahl seiner Ausdrücke. Wenn derselbe nun auch keines seiner Werke als Kritik der Erkenntniss bezeichnet hat, so ist das eben nur deshalb nicht geschehen, weil er in keiner Kritik das ganze Erkenntnissvermögen untersucht hat, sondern dessen drei Hauptseiten entsprechend seine Arbeit getheilt und seine Werke betitelt hat.

So unrichtig Cohen's Deutung des Anfangs der Kritik der reinen Vernunft nach dem grammatischen und logischen Zusammenhang ist, eben so unrichtig ist sie aber auch sachlich. Nicht nur, weil fast nirgend die Untersuchung auf das Wesen oder gar auf eine Analyse der Erfahrung gerichtet ist, sondern weil auch nicht einmal die Erforschung unseres Erkenntnissvermögens auf die Beziehung zu derselben beschränkt ist; denn abgesehen von anderen, später hervorzuhebenden Gründen, beschäftigt selbst in der Kritik der reinen Vernunft die ganze transcendentale Dialectik sich mit Objecten, die ausserhalb aller Erfahrung liegen und gar erst die Kr. der pract. Vernunft will nicht einmal eine Beziehung zur Erfahrung dulden, was freilich ein Mangel Kant's ist, der aber von andern übertrieben und zuerst von B. Meyer auf sein richtiges Maass zurückgeführt ist.

Man sieht, es ist in jeder Beziehung unmöglich, den Inhalt und das Verdienst der Kant'schen Philosophie mit Cohen dahin einzuschränken, dass man sagt: „Kant hat einen neuen Begriff der Erfahrung entdeckt" oder auch nur von der Kritik der r. V. zu behaupten, dass sie „Kritik der Erfahrung" sei. An dem Fehler dieses Satzes kranken aber auch die Folgerungen. Wenn daher Cohen den Kant'schen Satz: „Der Raum ist kein empirischer Begriff, welcher von äusseren Erfahrungen abgezogen" S. 7 dahin erläutert: „Der Raum ist es vielmehr, welcher äussere Gegenstände „construirt, von denen die Eindrücke der Erfahrungen ausgehen. So wendet sich „sogleich der erste Satz gegen den Begriff, den die Erfahrungsphilosophie von der „Erfahrung hat", so irrt er in derselben Weise. Denn die letzten seiner Worte müssten heissen: „von der Erkenntniss hat" und in dem ersten der erläuternden Sätze musste es mit Vermeidung eines später genauer zu besprechenden Fehlers statt „construirt" in Kant's Sinne „formal bestimmt" heissen. Dieselben Irrthümer trüben die Auslegung Kant's besonders in den nächsten Seiten der Einleitung und das ganze Werk, so weit es auf dieser fusst, denen ich jedoch im Einzelnen nicht weiter Schritt für Schritt hier nachgehen kann; doch werde ich die Hauptrichtungen dieses Grundirrthums noch zu würdigen haben. Nur auf Ein Missverständniss, das wiederum den ersten Satz der Kant'schen Kritik betrifft, will ich noch im Besonderen hinweisen. Indem nämlich Cohen S. 34 auf denselben zurückkommt, verstärkt er ihn also: „Alle unsere Erkenntniss, ohne Ausnahme, fängt mit der Erfahrung an." Auch das ist aber gegen den von Kant beabsichtigten Sinn, der nur sagen will, dass die Erkenntniss „von uns allen" mit der Erfahrung beginne. Das „alle" geht bei Kant also nicht auf den Inhalt, nicht auf das Object, sondern auf das Subject des Erkennens und ist eine Verallgemeinerung des Adjectivs „unsere." Kant hätte auch sagen können: „Die Erkenntniss von allen Menschen beginnt mit der Erfahrung." Daher setzt er S. 35 der Kr. d. r. Vn. jenem Satze nach kurzen Ausführungen auch diesen gleich: „Der Zeit nach geht also keine Erkenntniss in uns (nämlich „in uns Menschen," sodass „keine . . . . in uns" = „alle unsere") der Erfahrung vorher und mit „dieser fängt alle an" d. h. doch wohl „von uns allen." Das „ohne Ausnahme" hätte Cohen also mindestens an eine andere Stelle setzen müssen und etwa sagen sollen „die Erkenntniss von uns allen ohne Ausnahme". Bei seiner Stellung wird nicht der subjective Anfang sondern der objective Ursprung an Erfahrung gebunden im Widerspruch mit dem von Kant aus jenem Satze Gefolgerten und „alle unsere Erkenntniss" zu „jeder Erkenntniss" gemacht, so dass auch der Fortgang derselben an Erfahrung geknüpft wäre, statt dass sie nur „die gesammte Erkenntniss jedes Menschen", das Ganze derselben, die „Erkenntniss überhaupt" bedeutet. Indem Cohen aber „alle" auf den Inhalt bezieht, folgert er „In den Relationen der Zeit geht alle Erkenntniss vor sich", während nach Kant dies nur von aller empirischen Erkenntniss gelten kann und, wenn das „alle" objectiv zu nehmen wäre, in Kant's Sinne gesagt sein müsste: „jede endliche Erkenntniss fängt mit Erfahrung an." Dies ist aber erst Ergebniss und konnte nicht Anfang der Kr. d. r. Vn. sein. Bei Cohen aber ist die Erfahrung nicht blos das A sondern das O aller Erkenntniss. Nur jenes ist sie, wenigstens hinsichtlich der theoretischen Erkenntniss, und bleibt daher als das Bekannte fast gänzlich ausserhalb der Untersuchung stehen, sodass Kant fast mit Mühe zu ihr zurückkehrt. Wenn daher Cohen S. 8 sogar soweit geht, nur in der Erfahrung das Apriori'sche, statt jene zum Theil in diesem, enthalten sein zu lassen, so wird Kant's Lehre in ihr gerades Gegentheil verkehrt, und man sieht, dass selbst dieser Verehrer Kant's, ob er gleich Herbart nach Kant berichtigen will, doch in der grösseren Anhänglichkeit zu dem ersteren System, den letzteren nach jenem auslegt. Was heisst es denn anders, als Kant mit seiner ganzen Philosophie zum „Bearbeiter eines Begriffes" machen, wenn Cohen nach Obigem soweit von dem Sinne der Kant'schen Philosophie abirrte, dass er deren ganzes Ziel und Verdienst in den Worten zusammenfasste: „Kant hat einen neuen Begriff der Erfahrung entdeckt" d. i., mit Herbart zu reden: „Kant hat den Begriff der Erfahrung neu bearbeitet." — —

5. Weil aber bei Cohen das Apriori wesentlich als transscendentales Apriori gefasst wird, so hat zunächst für diese Seite desselben sein Irrthum hinsichtlich des Zieles und der Aufgabe der Kritiken weitere Folge gehabt. Dies zeigt sich besonders in fünf Beziehungen.

a. Nach Cohen soll das Apriori als transscendentales die Erfahrung nicht bestimmen sondern „construiren" (S. 28). Wir werden aber sehen, dass nur Ersteres nach Kant der Fall ist, höchstens die nothwendige und allgemeine Erkenntniss der Erfahrung wird durch das Apriori construirt. Daher bleibt das Apriori auch im Transscendentalen nur formal, und es ist

b. ein weiterer Fehler hinsichtlich der Auffassung des Transscendentalen, wenn dies nach S. 35—36 bei Cohen das „Complement" sein soll, durch welches der Begriff des Apriori erst seinen Inhalt empfängt. Das Transscendentale betrifft nur die Anwendung des Apriori, nämlich dessen Beziehung zur Erfahrung. Es geht freilich „auf die Erkenntnissart von Gegenständen, sofern diese apriori möglich sein soll," wie Cohen mit Kant's Worten sagt. Was aber ist denn nach diesen Worten apriori? Doch wohl die Erkenntnissart, nicht die Gegenstände. Also giebt das Transscendentale nur einen neuen Begriff der Erkenntniss, nicht des Apriori, nur eine Seite des letzteren enthält es, einen Gesichtspunkt, unter dem es sich häufig und nothwendig geltend macht. Der Inhalt des Apriori ist schon durch die Kriterien des Nothwendigen und zugleich streng Allgemeinen in seinem specifischen Wesen erkannt und bestimmt, da jene Kriterien nicht blos „äussere Werthzeichen" sind, wie Cohen S. 10 annimmt, indem er zugleich die ideale Seite des Apriori verkennt. Nicht das Apriori, sondern die objective Erkenntniss des Endlichen gewinnt also erst seinen Inhalt durch die transscendentale Beziehung auf Erfahrung. Diese, als solche, kann gar nicht apriori sein, wenn sich ihre objective Erkenntniss auch nur durch apriori'sche Bestimmung ermöglichen lässt.

c. Somit ist es ein dritter Irrthum in transscendentaler Beziehung, wenn Cohen gemäss den Ausführungen im Abschnitt IV. „Transscendentale Erörterung von Raum und Zeit", bes. S. 62—63, der Ansicht ist, dass das „Transscendentale" in der transscendentalen Aesthetik und Logik verschiedene Bedeutung hat, weil in jener „immer noch der methodische formale Begriff genügt." Denn der Begriff des Transscendentalen ist stets blos formal, da er die Beziehung des Apriori auf Erfahrung und der letzteren Bestimmung durch jenes bedeutet. Nun hat aber nach Kant die Erfahrung ihren eigenen empirischen, nicht apriorischen Inhalt, also kann nicht dieses inhaltliche Moment der Erfahrung, sondern nur deren Form, sofern diese nothwendig und allgemein ist, in transscendentaler Erkenntniss apriori bestimmt sein. So unrichtig daher Cohen S. 91 behauptet: „Das Apriori ist nur in der Form begreiflich", so richtig hätte er sagen können: „das transscendentale Apriori ist nur in der Form begreiflich". Also kann auch nicht erst in der transscendentalen Logik das Apriori Inhalt gewinnen, sondern dies könnte nach dem oben Gesagten in gewissem Sinne höchstens die Erkenntniss. Aber auch diese empfängt schon durch die Anschauung, d. i. nach Regeln der transscend. Aesthetik, ihren Inhalt, nur auf andere Weise als durch den Verstand. Der Unterschied zwischen transscendentaler Aesthetik und Logik liegt also weder im Transscendentalen selber noch im Inhalt der Erkenntniss — dies beides scheint nämlich die Ansicht Cohen's zu sein —, sondern er beruht auf dem Unterschiede von Anschauung und Verstand und ist nur eine Anwendung dieses Gegensatzes auf den Begriff des Transscendentalen. Die transscendentale Aesthetik lehrt, wie die apriorischen Formen der Anschauung oder Receptivität, die transscendentale Logik, wie die des Verstandes oder der Spontaneität auf Erfahrung bezogen werden und diese nothwendig bestimmen.

d. Indem wir zum Nachweise eines vierten Irrthums, der das Transscendentale angeht, uns hiermit wenden, bemerke ich zunächst, dass nach Cohen (S. 104) sich erst in der Logik das Apriori „vertieft". Nun waren aber nach Kant die reinen Anschauungen vom Empirischen gerade so unabhängig wie die Kategorien, sodass es keiner Vertiefung durch diese für das Apriori mehr bedarf. Und in der That wird in der Logik mittels der Vervollständigung der transscendentalen Beziehung nicht die Vertiefung sondern höchstens die Einschränkung des formalen Apriori, nämlich auf empirischen Inhalt, gesteigert und immer klarer. Also sollte es nicht (S. 104) heissen: „In dieser vertieften Bedeutung des Apriori wird dasselbe zugleich erweitert", sondern: „In dieser erweiterten transscendentalen Deduction wird das Apriori zugleich eingeschränkt." Worauf? Auf Erfahrung. Cohen hingegen liess es sich vertiefen und zwar „zur formalen Bedingung der Erfahrung" (ibid.) Wir haben aber gesehen, durch das Apriori wird die Erfahrung nicht bedingt, nicht construirt, sondern nur die nothwendige Erkenntniss derselben. Nur Bestimmung, nicht Quell der Erfahrung ist das Apriori. — Auch jener bereits gerügte Irrthum, nach welchem der Begriff des Transscendentalen das inhaltliche Complement des Apriori sein sollte, steigert sich bei Cohen in der Auffassung der „transscend. Deduction der Kategorien" (Abschn. IX) noch bedeutend. Denn es heisst dort S. 132: „Der Begriff ist es, welcher der Vorstellung ihren Gegenstand giebt" statt „welcher der Vorstellung die nothwendige apriori'sche Beziehung zu ihrem Inhalte giebt" und deshalb sollen sogar die Kategorien oder doch wenigstens deren letzter formaler Grund, die transscendentale Apperception den Gegenstand erzeugen. „Der Begriff," sagt Cohen S. 134, „in der transscendentalen Apperception geboren, drückt die Beziehung aus auf Etwas, das wir Gegenstand nennen." „Also", folgert er, „hat auch der Gegenstand seinen letzten Grund in ihr" statt „also hat auch die nothw. formale Vorstellung des Gegenstandes ihren letzten Grund in ihr" oder „also hat auch der Gegenstand seinen letzten formalen Bestimmungsgrund in ihr." Immer redet ja Kant nur von „Beziehung" des Apriori zum endlichen Dasein in der transscend. Deduction, nie von Erzeugung dieses Daseins. Wie soll auch das formale Apriori einen Inhalt erzeugen? wie soll dies das Apriori können, das die Objectivität seiner Wirklichkeit erst durch diese nothwendige Beziehung zur Erfahrung, an welcher es gleichsam die Probe seiner Realität hat, erweist? Hat doch die „transscendentale Deduction" eben immer diesen Sinn des indirecten Erweises der Wirklichkeit des Apriori, nicht blos der Möglichkeit innerhalb der Erfahrung, wie Cohen S. 80 u. an anderen Stellen glaubt. Dies hat freilich auch den Sinn, die „Möglichkeit der Erfahrung" dargethan zu haben, wie sich Kant öfter ausdrückt, womit er aber immer nur die der Erfahrungs-Erkenntniss nach dem betreffenden Zusammenhange meint und nach dem unter 4 dieses Excurses Gesagten meinen kann. Cohen aber hebt diese secundäre Bedeutung der transscendentalen Deduction als die eigentliche hervor und noch dazu mit dem eben gedachten Fehler, Erfahrung nicht als Erfahrungs-Erkenntniss anzusehen, sodass nicht der Ursprung der Erkenntniss sondern die Erfahrung ihm das Unbekannte der Kant'schen Kritik ist nach Abschn. VI „Zusammenhang der transscend. Aesthetik und der transscend. Logik", entsprechend dem Grundirrthum auf S. 3. — So wird denn in Folge dieses Missverstehens der transscendentalen Deduction der Kategorien und dessen, was als die kritische Seite des Apriori in dieser gelten muss, nämlich die Einschränkung der objectiven Beziehung des formalen Apriori auf Erfahrungs-Erkenntniss, bei Cohen, indem er diese kritische Begrenzung mit einer apriorischen Vertiefung verwechselt, die Erfahrung gänzlich in das Apriori verschlungen. „Jetzt," sagt nämlich Cohen S. 128, „wird die objective Gültigkeit des Innern fraglich, und endlich begründet durch die Aufnahme alles Aeusseren in die ganze Subjectivität nach Ihrem vollen Umfange." Denn damit hat er den Transscendentalismus in einen blossen Formalismus und Subjectivismus umgedeutet; dies ist für Cohen um so bedenklicher, als nach ihm die Form eine blosse Abstraction war (S. 81), während die apriorische Form selbst trotz der Subjectivität des Ursprungs real ist.

c. Es ist endlich in Folge dieser Irrthümer das Verhältniss der empirischen Realität zur transscendentalen Idealität bei Cohen falsch gefasst, da beide nicht, wie transscendentaler und empirischer Gebrauch (nach Kr. d. r. Vn. S. 278) im Gegensatze stehen, sondern sich ergänzen. Er führt S. 59 folgende Worte Kant's an: „Wir behaupten zwar die empirische Realität des Raumes (in Ansehung aller möglichen äusseren Erfahrung), ob wir zwar die transscendentale Idealität desselben, d. i. dass er Nichts sei, sobald wir die Möglichkeit aller Erfahrung weglassen und ihn als etwas, was den Dingen an sich selbst zu Grunde liegt, annehmen." Hierin soll nach Cohen „die Idealität in Anschauung der Dinge an sich" behauptet sein. Denn von „dem Raume" heisst es ebenda „erkannten wir eine objective Gültigkeit in Anschung dessen, was als Gegenstand uns vorkommen kann." Also setzt Cohen mit dem ad d gerügten Irrthume „objective Gültigkeit des Raumes" = „Realität der Erscheinungen." Aber objective Gültigkeit des Apriori war nur so viel, als nothwendige Beziehung zur Erfahrung, die erst mittelbar die Realität erweist. Folglich ist auch mit jener objectiven Gültigkeit des Raumes nicht die zum Theil unabhängig von ihm vorhandene der Erscheinungen erwiesen, sondern blos seine eigene Realität in seiner Beziehung zu diesen, die als solche, seine eigene Idealität ist, wenn er, ohne diese Beziehung gedacht, an sich etwas sein soll, so dass er, wie Kant sagt, ohne dieselbe „Nichts" ist." Also hat nicht die Idealität überhaupt, sondern die transscendentale Idealität die Bedeutung von „Nichts-Sein". Nur der Raum oder die Zeit, ohne Beziehung zur Sinnlichkeit gedacht, und ebenso die anderen apriorischen Momente sind, als Vernunft-Dinge angesehen, Nichts, woraus aber nicht mit Cohen S. 60 zu folgern ist, Vernunftding überhaupt sei gleich Nichts. Die transscend. Idealität hebt also die Dinge nicht überhaupt auf, sondern nur die formal apriori'schen Momente als Dinge. Damit stimmt auch sehr wohl der Wortlaut der von Cohen für seine Ansicht im Abschn. XIV („Der transscend. Idealism. als empir. Realism.") S. 240 aus den Prolegomenen citirten Stelle: „Was ich mir im Raume und in der Zeit vorstelle, von dem muss ich nicht sagen, dass es auch ohne diesen meinen Gedanken im Raume und in der Zeit sei. Hier wird nur behauptet, dass die Vorstellungen, d. h. die Erscheinungen (siehe Kr. d. r. Vn. S. 419) der Dinge nichts ohne uns, nichts an sich sind. Dies hindert aber nicht, dass die Dinge etwas auch ausser uns, ausserhalb der Erscheinung sind. Wie könnte Kant sonst in der Kr. d. r. Vn. S. 420

(in d. „Möglichk. der Causal. durch Freih.") behaupten, dass etwas zugleich einerseits Ding an sich selbst und andererseits Erscheinung, jenes als intelligibel, dieses als sensibel sein könne. Während also Kant, wie es die folgenden Worte jener Stelle aus den Proleg. besagen, nur dies lehrt: dass es offenbar widersprechend sei zu sagen, „dass eine blosse Vorstellungsart auch ausser unserer Vorstellung existire," nimmt Cohen die unlogische Umkehrung des Satzes an, nämlich: dass ein Ding, d. i. „etwas auch ausser unserer Vorstellung Existirendes," blos als Vorstellung existire; hingegen soll nach Kant das blos in der Vorstellung existirende Apriori nur nicht Ding sein. In Folge dieser Täuschung Cohen's deutet er erstlich den Unterschied zwischen Noumena und Phaenomena falsch, indem er jene nicht blos für die objective theoretische Erkenntniss, sondern absolut als blosse Grenzbegriffe ansieht, und hebt zweitens die Dinge an sich gänzlich auf, die sich nach S. 253 als ein so leibhaftiges Geschöpf des mit der Sinnlichkeit unzertrennlich verbundenen Verstandes herausstellen, „dass diese Illusion (!) nicht verscheucht werden kann." Hiermit entsteht also aus dem letzten transscendentalen Irrthum zugleich ein totales Missverständniss in dem, was wir als die antidogmatische Seite des Apriori angedeutet haben und näher entwickeln werden. —

Durch diesen, doch über das beabsichtigte Ziel hinausgegangenen Excurs, hoffe ich wenigstens die Tendenz und den Ursprung der übrigen abweichenden Ansichten Cohen's, auf die ich nur hinweisen werde, klar gelegt und zugleich widerlegt zu haben, andrerseits aber auch die Anerkennung begründet zu haben, die ich oftmals ihm zollen musste. Ueberdies dürfte durch diese Kritik manches Irrthümliche beleuchtet sein, das von verwandten und selbst von Cohen entgegen gesetzten Standpunkten, wie von dem Trendelenburg's, in kleineren Abhandlungen in neuerer Zeit über Kant geschrieben ist.

2. Kapitel.
Darstellung des Inhalts von Kant's Apriori.

Wir haben schon rücksichtlich der Genesis des Kant'schen Apriorismus gesehen, dass dieser vier eigenthümliche Eigenschaften hatte. Insofern aber die Genesis die Sache erzeugt, werden die aus jener sich ergebenden Eigenschaften das Wesen derselben ausmachen, und da der Begriff wieder letzteres darstellen soll, so wird die Auffassung jener Eigenschaften als wesentlicher Merkmale auch die Einsicht in den Begriff und das Wesen des Apriorismus eröffnen. Wir versuchen daher, um unserer Darstellung eine wohl begründete, kurze Form zu geben, darzuthun, auf welche Weise Kant in der „Kritik der r. Vn.", als in dem theoretischen Hauptwerke, seinen Apriorismus hinsichtlich der antidogmatischen, idealistischen, kritischen und transscendentalen Seite begründet hat.

Die „Kritik der r. Vn." hat, wenn ich von der Haupt-Eintheilung in Elementar- und Methodenlehre für unseren Zweck absehen darf, zwei Haupttheile: „Die transscendentale Aesthetik" und „die transscendentale Logik". Letztere hat wieder zwei Hauptabschnitte: „Die transscendentale Analytik" und „transscendentale Dialectik." Wir werden aber so wenig alle Abschnitte gleichmässig zu berücksichtigen haben, wie dies innerhalb derselben bei den Unterabtheilungen oder gar bei einzelnen Punkten und Aufgaben der letzteren erforderlich ist. Vielmehr scheint es nur nöthig, das hervorzuheben, was zu strenger Begründung jener vier Hauptpunkte in Kant's Sinne dienen soll. Alles Andere würde dem Wesen der Sache und noch mehr dem dieser Aufgabe fremd sein, die als historisch-kritische sogar nur auf das Bleibende in Kant's Lehre, d. i. auf das nicht nur logische, sondern ideale oder, wenn man durchaus will, reale Wesen seiner Lehre geht.

Die Eintheilung der Kritik der reinen Vernunft selbst wird in der Einleitung derselben nicht näher begründet. „Nur soviel" sagt Kant dort S. 56, „scheint zur . . . . Vorerinnerung nöthig zu sein, dass es zwei Stämme der menschlichen Erkenntniss gebe, die vielleicht aus einer gemeinschaftlichen, aber uns unbekannten Wurzel entspringen, nämlich Sinnlichkeit und Verstand, durch deren erstere uns Gegenstände gegeben, durch den zweiten aber gedacht werden."

Das Verständniss der Einleitung ist aber in anderer Beziehung für das der Kr. der r. Vn. von höchster Wichtigkeit. Denn es eröffnet die Einsicht in die höchsten Probleme nicht nur der Kr. der r. Vn. sondern aller Philosophie und verschafft zugleich die Kenntniss von deren Tragweite. Ich versuche daher den Inhalt der Einleitung in folgenden Sätzen möglichst kurz und doch vollständig zu formuliren.

1. Das Apriori nach der Einleitung zur Kritik der reinen Vernunft.

I.
1) Alle Erkenntniss fängt mit der Erfahrung an.
2) Darum stammt sie noch nicht aus der Erfahrung.
3) Erkenntnisse, die von der Erfahrung sachlich (nicht blos zeitlich) schlechthin unabhängig sind, heissen apriorisch, und zwar rein apriorisch, wenn sie zugleich auch mittelbar keine empirischen Begriffe voraussetzen.

II.
4) Die Kriterien des Apriori sind Nothwendigkeit und strenge (d. i. nicht comparative, schon in der Erfahrung liegende) Allgemeinheit. Ein Hauptmerkmal der letzteren ist wieder die Unmöglichkeit, von etwas zu abstrahiren.
5) Wir besitzen dergleichen apriorische Erkenntnisse.
6) Selbst der gemeine Verstand ist nicht ohne solche.

III.

7) Unser höchstes speculative Interesse geht sogar nur auf Gegenstände, die jenseits aller möglichen Erfahrung liegen. Denn die eigentlichen Gegenstände der Metaphysik sind nur Gott, Freiheit, Unsterblichkeit.
8) Aber die Möglichkeit solcher Forschung ist nicht durch den blossen (abstracten) Besitz apriorischer Erkenntniss gesichert. Zur Erkenntniss des Apriori als eines nicht blos Abstracten und Subjectiven, sondern wahrhaft und objectiv Wirklichen bedarf es vielmehr einer Untersuchung der etwa nothwendigen Bedeutung desselben für die Erfahrungserkenntniss und des Ursprungs des Apriori in dieser, wodurch Werth und Umfang aller apriorischen Erkenntniss bestimmt wird.

IV.

9) Die Veranlassung zu dem Missbrauch apriori'scher Erkenntniss liegt in der Verkennung des Unterschiedes zwischen den intuitiven mathematischen Erkenntnissen durch Anschauung und den discursiven durch Begriffe. Die Ursache aber, dass dieser Missbrauch auch in der Anwendung nicht entdeckt wird, ist die Vernachlässigung des Unterschieds zwischen analytischen und synthetischen Urtheilen.
10) Analytische Urtheile sind solche, deren Prädikat zum Subject gehört als etwas, was in diesem versteckt enthalten ist, während bei synthetischen der Prädikatsbegriff ausserhalb von dem des Subjekts liegt.
11) Alle analytischen Urtheile sind a priori und bedürfen nicht der Erfahrung; deren Urtheile vielmehr sind sämmtlich synthetisch.
12) Es begreift sich nicht, wie es auch synthetische Urtheile apriori geben könne, da kein Gebiet ersichtlich ist, an das man behufs der Synthesis wie bei der Erfahrung sich alsdann zu halten vermöchte.

V.

13) Dennoch enthalten alle theoretischen Wissenschaften synthetische Urtheile a priori, und zumal die Urtheile der Mathematik sind sämmtlich a priori.
14) Auch die Naturwissenschaft enthält in ihrem reinen Theile synthetische Urtheile a priori.
15) Die Metaphysik enthält synthetische Urtheile a priori dem Zwecke nach.

VI.

16) Die unter 8. gestellte kritische Aufgabe gewinnt somit den Sinn: „Wie sind synthetische Urtheile apriori möglich?"
17) Metaphysik ist bisher als Wissenschaft gescheitert. Mit Rücksicht auf sie hat daher diese Frage die Bedeutung: „Wie ist Metaphysik als Wissenschaft möglich?" — nicht blos als Naturanlage.
18) Diese Frage ist lösbar. Denn sie geht nur auf die Vernunft selbst, nämlich auf ihre Form, da sie die Entstehungsweise und den Ursprung apriori'scher Erkenntnissart, nicht die Objecte ausser ihr ergründen will.

VII.

19) Somit ist „Kritik der r. Vn." nicht ein System aller Principien apriori, d. h. nicht Philosophie selbst, sondern nur Propädeutik dazu. Denn die Philosophie als solche geht auch auf den apriori'schen Inhalt, nicht nur auf die Form.*)
20) Kritik der r. Vn. ist daher weiter auch transscendental. Denn Transscendentalphilosophie ist das System aller formalen Principien apriori, insofern diese die Objecte der Erfahrung möglich machen.
21) Doch ist Kritik der r. Vn. endlich auch nur eine Vorbereitung zur Transscendentalphilosophie, nämlich die vollständige Idee derselben, nicht diese Wissenschaft selbst (welche ein Organon oder doch mindestens Kanon der r. Vn. sein würde). Denn sie geht nur auf die Principien der Synthesis apriori, nicht auch der Analysis, und umfasst somit auch nicht alle formalen Principien apriori.

Das ist in Kürze der Inhalt der Einleitung in die Kritik der r. Vn. Je drei der vorstehend numerirten Thesen bilden immer den Inhalt der Abschnitte I—VII bei Kant, und zwar enthält der Abschnitt I: den Antidogmatismus, II: den Idealismus, III: den Kriticismus, VII: den Transscendentalismus deutlich im Keime. Die Abschnitte IV, V, VI hingegen dienen dazu, die Aufgabe der Kritik auf ihren präcisen logischen Ausdruck zu bringen. Sie haben für das Wesen des Apriori daher nur mittelbare Bedeutung, so dass ich mich damit begnügen könnte, im Folgenden besonders die Thesen der Abschnitte I, II, III und IV noch zu erläutern. Wir können

---

*) Dies ist eine Ansicht Kant's, mit der Cohen's Ausführungen, besonders in den Abschnitten VIII und XIV unvereinbar sind. Siehe oben den Excurs unter 5 c.

aber nicht einmal diese Erläuterung geben, weil sie zu weit von unserem Thema abführen würde. — Ebensowenig ist es möglich, unserer Ansicht gemäss den Apriorismus Kant's nach den gedachten vier Seiten in ähnlicher Weise, wie es eben zufolge der Einleitung in die Kritik der r. Vn. geschehen, aus den übrigen Theilen derselben zu begründen. So nothwendig solche Begründung an sich ist, müssen wir uns hier auf eine Angabe des Gedankenganges der Kritik der r. Vn. beschränken. Derselbe ist folgender.

2. Nach der Kritik der reinen Vernunft selber.

A. Die ideale Seite des Apriori.

Kant weist in den beiden Grundlagen des Erkenntnissvermögens, die er als Sinnlichkeit und Verstand bezeichnet, apriori'sche Formen nach. Solche sind in jener (nach der transscendentalen Aesthetik) „Raum" und „Zeit", in dieser (nach der transscendentalen Logik und besonders nach der Analytik) die „Kategorien." Jene sind apriori, denn sie sind erstlich nicht von der äusseren Erfahrung abgezogen, sondern alle einzelnen Vorstellungen, in denen Unterschiede des Raumes und der Zeit vorkommen, müssen letztere beiden bereits überhaupt zur Voraussetzung haben. Ja, diese sind ferner so wenig von der Erfahrung abstrahirt, dass sie nicht bloss von jeder bestimmten Vorstellung, sondern von allem Vorstellen untrennbar sind, sodass man nach Kant „niemals eine Vorstellung sich machen könne, dass kein Raum oder keine Zeit sei, selbst wenn es sich denken liesse, dass keine Objecte in ihnen angetroffen würden. Dieselben sind vielmehr das, wovon man nicht abstrahiren kann, und daher zugleich nothwendig und streng allgemein, d. h. apriori. Die Kategorien aber sind apriori, weil sie mittels der Verstandeshandlung des Urtheilens eine Einheit offenbaren, welche aus keiner Erfahrung stammen kann, nämlich die der synthetischen Apperception. Den „verknüpfenden Begriff" der Kategorie „muss man in allen Urtheilen als ein plus erkennen, welches nicht schlechtweg in der Summe der Wahrnehmungen enthalten ist," wie Cohen S. 114 ausführt. Denn „zergliedert man," sagt Kant in den Prolegomenen z. j. k. Metaphys. u. s. w. Werke Bd. 3, S. 219, „alle seine synthetischen Urtheile, sofern sie objectiv gelten, so findet man, dass sie niemals aus blossen Anschauungen bestehen, die bloss, wie man gemeiniglich dafür hält, durch Vergleichung in ein Urtheil verknüpft worden, sondern dass sie unmöglich sein würden, wäre nicht über die von der Anschauung abgezogenen Begriffe noch ein reiner

Verstandesbegriff hinzugekommen, unter dem jene Begriffe subsumirt und so allererst in einem objectiv gültigen Urtheil verknüpft werden." Cohen erläutert dies am a. O. trefflich. — Auch kommt für die Apriorität der Kategorien noch hinzu, dass der Verstand, als ein, Vermögen der „Spontaneität" ganz innerlich ist und dem der Anschauung, als der „Receptivität" nach der Einl. z. transscend. Logik S. 89, cf. auch S. 99 entgegengesetzt wird. Die Formen, die als Formen der eigenthümlichen Verstandeshandlung, der spontanen Funktion des Urtheilens analysirt werden, sind daher, gleichsam als Formen eines Vermögens apriori, schon an sich rein. Solche Formen sind aber nach § 10 der transscend. Logik die Kategorien. Diesen Beweis für die Apriorität und zugleich für die subjective Existenz des Apriori giebt Kant für den „Raum" in der Kritik der r. Vn. a. a. O. in § 2 unter 1) und 2), für die „Zeit" ebenda § 4, unter 1) und 2). — Für die „Kategorien" ist der Beweis enthalten besonders in den § 10, 16 und 17, S. 103—113.

Hiermit ist also die ideale Seite, die subjective Existenz eines von aussen Unabhängigen in uns dargethan. — Wenn Kant jene Untersuchungen über Raum und Zeit sub 1 und 2, der § 2 und 4 in der transscend. Aesthetik als „metaphysische Erörterungen" bezeichnet, so darf das uns nicht hindern, nach dem Angeführten in ihnen unsere ideale Seite des Apriori in Bezug auf Raum und Zeit enthalten zu finden. Wenn aber Cohen S. 10 seiner Schrift nur die Punkte 3) und 4) des § 2 in der transscend. Aesthetik als metaphysische Erörterung gelten lässt, so läugnet er, was Kant mit ausdrücklichen Worten sagt. Denn Kant selber hat den ganzen § 2 durch die Ueberschrift als „Metaphysische Erörterung" bezeichnet, so dass alle in demselben besonders numerirten Erörterungen doch unter den Gesammttitel fallen. Bestätigt wird dies durch S. 71 der Kritik der r. Vn., wo Kant den § 5 überschreibt „Transscendentale Erörterung des Begriffes der Zeit" und wo er folgendermassen beginnt: „Ich kann mich deshalb auf No. 3 [nämlich im § 4 desselben Abschnitts, welcher dem § 2 über den Raum im 1. Abschnitte entspricht] berufen, wo ich, um kurz zu sein, das, was eigentlich transscendental ist, unter die Artikel der metaphysischen Erörterung gesetzt habe." Also alle Artikel des § 4 sind hiernach „Artikel der metaphysischen Erörterung." Da nun § 4 genau dem § 2 entspricht, so müssen auch des letzteren einzelne Artikel sämmtlich metaphysisch sein. Es ist daher gegen den unzweifelhaften Sinn Kant's, wenn dessen erste beiden Sätze über den

Raum von Cohen unter der Ueberschrift „Ueber die logische Bestimmung von Raum und Zeit" besprochen werden.

B. Die transscendentale Seite.

Mit der subjectiven Wirklichkeit in unserem Geiste, die indess als die von nothwendigen Formen keinen blos individuellen Besitz bedeutet, ist aber nicht die objective Gültigkeit, die reale Beziehung zu Gegenständen, die auch ausser uns und unabhängig von uns stattfindende Existenz erwiesen. Diese Beziehung und damit indirect die objective Wirklichkeit des Apriori beweist Kant mittelbar, indem er die apriori'schen Formen als unbedingt nothwendig zu objectiver Erkenntniss darthut und zeigt, dass sie trotz des blos subjectiven Ursprungs objective Anwendung in nothwendiger und allgemeiner Erkenntniss haben, jedoch nur in solcher, die sich auf Erfahrung erstreckt und ihre Probe an derselben hat. Also auf die objective Wirklichkeit des Apriori, nicht auf die Möglichkeit der Erfahrung bezieht sich der Begriff des Transscendentalen. Hierüber täuschte sich Cohen. (Siehe oben den Excurs 5 d).

Nothwendigkeit und strenge Allgemeinheit konnten nach der Einleitung zur Kritik der r. Vn. nicht aus der Erfahrung stammen, sondern nur aus uns. Hat also irgend welche Erkenntniss Nothwendigkeit, so muss sie apriorisch bestimmt sein, und sollen „Raum" und „Zeit" und jene Verstandsbegriffe den Grund auch dieser nothwendigen Bestimmung enthalten, so muss gezeigt werden, dass gerade sie in aller nothwendigen Erkenntniss enthalten sind; oder besser, dass alle nothwendige Erkenntniss in ihnen enthalten ist und durch sie ermöglicht wird, denn das bedeutete „transscendental" cf. ob. S. 25 und unsern „Excurs" 5 d. Diese Möglichkeit der objectiven Erkenntniss durch das Apriori bedeutet also die objective Wirklichkeit des Apriori selber, weil dessen nothwendige Beziehung zum Objectiven. Nun ist aber nach Kant 1. keine Erkenntniss ohne Zusammenwirken von Anschauung und Begriffen möglich. Denn nach der Kritik der r. Vn. a. a. O. S. 89 heisst es: „Gedanken ohne Inhalt sind leer', Anschauungen ohne Begriffe sind blind." Es ist ferner 2. keine Anschauung ohne Raum und Zeit zu erlangen. Denn Raum und Zeit sind nach den Punkten 3) und 4) des § 3 und nach 4) und 5) des § 5 der Kritik der r. Vn. Anschauungen, nicht Begriffe, haben als solche also unmittelbarere Beziehung zur Erfahrung, als die Formen, unter denen sich nach § 1 der transscend. Aesthetik S. 60 der empirische Inhalt (Materie) darstellt. Denn da keine Anschauung ohne jene Formen stattfindet, so ist auch keine blos empirische Anschauung, also auch die auf letzterer beruhende Erfahrungserkenntniss nicht ohne dieselbe zu Stande zu bringen. Trotzdem giebt Kant noch ausdrückliche Beweise dafür in den „transscendentalen Erläuterungen". „Transscendentale" Beziehung ist aber nach der Einleitung der Kritik der r. Vn. Abschn. VII und a. Stellen nichts anderes als Nothwendigkeit der Beziehung a priori'scher Form auf einen endlichen Inhalt. Solche Nothwendigkeit erweist Kant in Bezug auf den Raum in der Kritik der r. Vn. § 3, in Bezug auf die Zeit im § 4, 3). Denn nur die Auffassung jener Formen als a priori'scher Anschauungen mache Geometrie resp. Arithmetik, also Mathematik, möglich. (Kuno Fischer fügt in der Schrift „Kants Leben und die Grundlage seiner Lehre" hinzu, dass Raum und Zeit überdies die Principien aller Unterscheidung sind).

Anders liegt es mit den „Kategorien". Der „Verstand" ist kein Vermögen, das sich, wie die Sinnlichkeit, unmittelbar auf Gegenstände und auf die Erfahrung bezieht. Für ihn ist also eine transscendentale Deduction nicht zum Ueberfluss sondern wirklich erforderlich. Sie beruht auf zwei Punkten. Erstlich: der Verstand ist nicht blos vermöge der Kategorien ein Vermögen der logischen Einheit, sondern auch kraft der transscendentalen Apperception des alle Vorstellungen begleitenden „Ich denke" ein Vermögen der ursprünglichen (metaphysischen) Einheit des Selbstbewusstseins nach § 13—27 der transscendentalen Analytik in der Kritik der r. Vn. und kann so auch die Einheit des Mannigfaltigen in der Anschauung erklären, falls vermittelnde Begriffe zwischen Anschauung und Verstand gefunden werden. Dies sind die Schematismen. Denn zweitens der Zeitbegriff ist nach § 6 c. der „transscendentalen Aesthetik" nicht nur die Form des inneren Sinnes im Gegensatze zum Raume, als der Form des äusseren Sinnes, sondern die gemeinsame Form des Sinnes überhaupt, die „formale Bedingung aller Erscheinungen überhaupt." Dadurch ist sie gleichartig sowohl mit der Erscheinung, weil sie in jeder empirischen Vorstellung des Mannigfaltigen enthalten ist, als auch mit dem Verstande, weil sie allgemein ist und auf einer Regel a priori beruht. Sie wird also Verstand und Sinnlichkeit verbinden können als „transscendentales Schema." Und sie thut dies in der That; denn subsumirt man die Kategorien unter sie, so erhält man die realen sinnlichen Einheiten. (S. Kr. d. r. Vn. S. 153—65). So giebt die Kategorie der Einheit, in der Zeit gedacht, die Zahl (cf. ebendas. S. 161).

So ist Sinnlichkeit und Verstand geeint durch apriori'sche Elemente, und da sich aus Begriffen Sätze bilden lassen, so kann man auch aus allgemeinen und apriori'schen Begriffen ebenso beschaffene Sätze ableiten, wie dies Kant in der „transscendentalen Doctrin der Urtheilskraft" S. 165—236 thut, und es ist damit die in unserer, von der Einleitung der Kritik der r. Vn. gegebenen Darstellung oben unter VI, 16 enthaltene Frage: „Wie sind synthetische Urtheile a priori möglich?" von Kant gelöst.

Sowohl Sinnlichkeit als auch Verstand enthalten a priori'sche Formen. Jene beziehen sich unmittelbar auf Erfahrung, als ursprüngliche Formen der Anschauung, als reine Anschauungen, nämlich „Raum und Zeit." Diese, als die Formen der Einheit alles Verstandes- oder Denk-Inhalts haben mittels der Schematismen, als der Formen der Einheit alles Erfahrungsinhalts, indem sie in ihnen die ursprüngliche Einheit der transscendentalen Apperception des „Ich denke" offenbaren, mittelbar Anwendung auf Erfahrung und ermöglichen über sie Synthesis a priori und damit nothwendige und allgemeine Erkenntniss. Diese a priori'sche Erkenntniss ist aber, sofern sie dies ist, gemäss ihren Elementen — den Formen der Anschauung und den Formen des Verstandes nur formal. Somit liegt im Transscendentalen eine Einschränkung des Apriori auf formale Erkenntniss, was freilich nur im Theoretischen gilt. Cohen aber sieht gerade im Transscendentalen das Apriori wesentlich dem Inhalte nach bestimmt und verkennt so dessen eigentliche und wahre Bedeutung.

C. Die kritische Seite.

Kant will nicht blos die Möglichkeit und Wirklichkeit a priorischer Erkenntniss feststellen, sondern auch den Umfang derselben erforschen, zumal da die bisherigen Versuche mit derselben zum Theil, nämlich sofern sie jenseit der Erfahrung unternommen wurden, gescheitert sind (Vergl. bes. Einl. z. Kr. d. r. Vn. S. 49). Er will der reinen Vernunft „bestimmte und sichere Schranken setzen." Das ist nach S. 51 daselbst der Sinn der „Kritik." Zu vergleichen ist auch S. 53, wo Kant dieselbe als Propädeutik bestimmt und als deren Inhalt bezeichnet: „blosse Beurtheilung der reinen Vernunft, ihrer Quellen und Grenzen." Dies berücksichtigend, schränkt Kant die Gültigkeit der a priori'schen Formen und deshalb der allgemeinen und nothwendigen Erkenntniss erstlich auf Erfahrung ein. Der Beweis beruht rücksichtlich des Raumes und der Zeit, also rücksichtlich der Formen der Sinnlichkeit, auf folgenden Punkten: „Vermittelst der Sinnlichkeit . . . werden uns Gegenstände gegeben und sie allein liefert uns Anschauungen" (nach Kr. d. r. Vn. § 1 in der transscend. Aesthetik). Nun ist der „Raum" nichts Anderes, als nur die Form aller Erscheinungen äusserer Sinne, d. i. subjective Bedingung der Sinnlichkeit, unter der allein uns äussere Anschauung möglich ist" (nach S. 66 ebd.). „Unsere Erörterung lehret demnach die Realität, (d. i. die objective Gültigkeit) des Raumes in Ansehung alles dessen, was äusserlich als Gegenstand uns vorkommen kann." „Wir behaupten also die empirische Realität des Raumes (in Ansehung aller möglichen äusseren Erfahrung)."

Ebenso wird von Kant hinsichtlich der Zeit in § 6 zu demselben Obersatz des eben angeführten Schlusses unter b) der Untersatz gefügt: „die Zeit ist nichts Anderes als die Form des inneren Sinnes," und dies S. 73 dahin erläutert: „Sie ist nur von objectiver Gültigkeit in Ansehung der Erscheinungen, weil dieses schon Dinge sind, die wir als Gegenstände unserer Sinne annehmen; aber sie ist nicht mehr objectiv, wenn man von der Sinnlichkeit unserer Anschauung, mithin derjenigen Vorstellungsart, welche uns eigenthümlich ist, abstrahirt und von Dingen überhaupt redet." Endlich wird ebenda aus diesen Prämissen der Schluss gezogen: „Unsere Behauptungen lehren demnach empirische Realität der Zeit, d. i. objective Gültigkeit in Ansehung aller Gegenstände, die jemals unseren Sinnen gegeben werden mögen." Vergl. auch den Beschluss der transscend. Aesthetik S. 87).

Wenn aber, wie unter B. dargethan, keine Erkenntniss ohne Anschauung möglich ist, so ist dadurch, dass 1) die unerlässliche Bedingung der Erkenntniss Raum und Zeit sind, diese aber 2) auch nur in der Erfahrung Realität haben, bewiesen, dass die an sie geknüpfte nothwendige Erkenntniss ebenfalls auf Erfahrung beschränkt sei. Es kommt aber noch hinzu, dass auch die Kategorien nach Kr. d. r. Vn. § 22 ohne correspondirende Anschauung inhaltlos sind. „Sich einen Gegenstand denken," sagt Kant S. 138, „und einen Gegenstand erkennen, ist also nicht einerlei. Zum Erkenntnisse gehören nämlich zwei Stücke: erstlich der Begriff, dadurch überhaupt ein Gegenstand gedacht wird (die Kategorie) und zweitens, die Anschauung, dadurch er gegeben wird; denn könnte dem Begriffe eine correspondirende Anschauung gar nicht gegeben werden, so wäre er ein Gedanke der Form nach, aber ohne allen Gegenstand und durch ihn gar keine Erkenntniss von irgend einem Dinge möglich, weil es, so viel ich wüsste, nichts gäbe noch geben könnte, worauf mein Gedanke angewandt werden könnte." Kant schliesst daher S. 139: „Folglich liefern uns die Kategorien vermittelst der Anschauung auch keine Erkenntniss von Dingen, als nur durch ihre Anwendung auf empirische Anschauung, d. i. sie dienen nur zur Möglichkeit empirischer Erkenntniss. Diese aber heisst Erfahrung. Folglich haben die Kategorien keinen anderen Gebrauch zum Erkenntniss der Dinge, als nur sofern diese als Gegenstände möglicher Erfahrung angenommen werden." Am kürzesten und bündigsten spricht dies Kant in § 27 im 1. Absatz S. 150 und 51 so aus: „Wir können uns keinen Gegenstand denken, ohne durch Kategorien, wir können keinen gedachten Gegenstand erkennen, ohne durch Anschauungen, die jenen Begriffen entsprechen. Nun sind alle unsere Anschauungen sinnlich und diese Erkenntniss, sofern der Gegenstand derselben gegeben ist, ist empirisch. Empirische Erkenntniss aber ist Erfahrung. Folglich ist uns keine Erkenntniss a priori möglich, als lediglich von Gegenständen möglicher Erfahrung.

D. Antidogmatische Seite.

Aber nicht nur auf Erfahrung, sondern auch auf Erscheinungen schränkt Kant weiter die nothwendige und allgemeine Erkenntniss ein, so dass wir weder ein geistiges noch sinnliches Ding an sich erkennen können. Auf solche Weise wird gründlich dem Dogmatismus, der über die Erfahrung zum geistigen Ding an sich hinaus will, vorgebeugt und zugleich dem Materialismus, da auch die Erfahrung, insofern sie nothwendige Erkenntniss sein soll, nicht blos sinnliche Dinge, sondern stets eine „Verbindung" von Eindrücken derselben mit a priori'schen Zuthaten unseres Geistes enthält, dieselben also in der Abhängigkeit von den individuellen Bedingungen unseres Geistes darstellt.

Der Beweis ist eigentlich schon in C mitenthalten. Wir hätten in den dort angeführten Stellen nur andere Wörter hervor zu heben brauchen. Der Beweis ist eine Folge des Apriori. Dies ist, insofern es sich uns offenbart, an eine rein innerliche Bedingung, an die Subjectivität gebunden. S. § 3 S. 66 unter a): „der Raum stellet gar keine Eigenschaft irgend einiger Dinge an sich, oder sie in ihrem Verhältniss auf einander vor, d. i. keine Bestimmung derselben, die an Gegenständen selbst haftete und welche bliebe, wenn man auch von allen **subjectiven** Bedingungen der Anschauung abstrahirte. Denn weder absolute noch relative Bestimmungen können vor dem Dasein der Dinge, welchen sie zukommen, mithin nicht a priori, geschaut werden." Wir können, heisst es ebenda weiter unten, „demnach nur aus dem Standpunkte eines **Menschen** vom Raum, vom ausgedehnten Wesen u. s. w. reden. Gehen wir von der **subjectiven** Bedingung ab, unter welcher wir allein äussere Anschauung bekommen können, so wie wir nämlich von den Gegenständen afficirt werden mögen, so bedeutet die Vorstellung vom Raum gar nichts. Dieses Prädikat wird den Dingen nur insofern beigelegt, als sie uns **erscheinen**. . . . . ." Daher folgert Kant S. 67: „Unsere Erörterung lehret demnach die Realität . . . . des Raumes . . . ., aber zugleich die **Idealität** des Raumes in Ansehung der Dinge, wenn sie durch **Vernunft an sich selbst** erwogen werden." Und weiter: „Wir behaupten also die **empirische Realität** des Raumes . . . ., ob wir zwar die **transscendentale Idealität** desselben, d. i. dass er Nichts sei, sobald wir . . . ihn als **etwas, was den Dingen selbst zu Grunde liegt**, annehmen." Entsprechend ist hinsichtlich der Zeit die Erörterung im § 6 a) und b). Hier heisst es insbesondere S. 71: „Die Zeit ist **nicht etwas, was „für sich"** bestände oder den Dingen als „**objective Bestimmung**" anhinge, mithin übrig bliebe, wenn man von allen subjectiven Bedingungen der Anschauung derselben abstrahirt; denn im ersten Fall würde sie etwas sein, was ohne wirklichen Gegenstand dennoch wirklich wäre. Was aber das Zweite betrifft, so könnte sie als eine den Dingen selbst anhangende Bestimmung oder **Ordnung nicht vor den Gegenständen als ihre Bedingung „vorhergehen"** und a priori durch synthetische Sätze erkannt und angeführt werden." Und S. 73 wird gefolgert: „[wir] bestreiten . . . der Zeit allen Anspruch auf absolute Realität, da sie nämlich, auch ohne auf die Form unserer sinnlichen Anschauungen Rücksicht zu nehmen, schlechthin den Dingen als Bedingung oder Eigenschaft anhinge. Solche Eigenschaften, die den Dingen an sich zukommen, können uns durch die Sinne auch niemals gegeben werden. Hierin besteht also die **transscendentale Idealität**, nach welcher sie, wenn man von den **subjectiven** Bedingungen der sinnlichen Anschauung abstrahirt, gar nichts ist und den Gegenständen an sich selbst (ohne ihr Verhältniss auf unsere Anschauung) weder subsidirend noch inhärirend beigezählt werden kann."

So sind „Raum" und „Zeit" also nur Formen von Erscheinungen oder von „Gegenständen, sofern" sie erscheinen, oder sofern diese in die Erscheinung treten und somit in der Subjectivität ein Abbild erhalten, d. h. Alles, was in Raum und Zeit erscheint, ist immer nur mittelbar, nie als Ding an sich selbst von uns beobachtet.

(Mithin giebt es keine „Identität" zwischen Denken und Sein in der „endlichen" nothwendigen Erkenntniss, sondern nur ein Verknüpfen derselben).

Wenn nun auch die Kategorien nicht von den Bedingungen der Sinnlichkeit an sich abhängen, wenigstens nicht als Denkformen, so haben sie doch nach C nur reale Bedeutung für die Erkenntniss im Zusammenhange mit der Anschauung und zwar nach B durch Vermittelung des Zeitbegriffes. Es ist also auch die nothwendige Erkenntniss, die nicht ohne diese apriori'schen Kategorien und Formen der Anschauung möglich ist, nicht blos auf Erfahrung, sondern eben dadurch zugleich auf „Erscheinungen" beschränkt. Man vgl. bes. Kr. d. r. Vn. S. 124, S. 149, ferner S. 170, wo es heisst: „Die Möglichkeit der Erfahrung ist also das, was allen unseren Erkenntnissen a priori objective Realität giebt. Nun beruht Erfahrung auf der synthetischen Einheit der Erscheinungen, d. i. auf einer Synthesis nach Begriffen vom Gegenstande der Erscheinungen überhaupt, ohne welche sie nicht einmal Erkenntniss, sondern eine Rhapsodie von Wahrnehmungen sein würde, die sich in keinen Context nach Regeln eines durchgängig verknüpften (möglichen) Bewusstseins, mithin auch nicht zur transscendentalen und nothwendigen Einheit der Apperception zusammenschicken würden. Die Erfahrung hat also Principien ihrer Form a priori zum Grunde liegen, nämlich allgemeine Regeln der Einheit in der Synthesis der Erscheinungen, deren objective Realität, als nothwendige Begingungen, jederzeit in der Erfahrung, ja sogar ihrer Möglichkeit gewiesen werden kann. Ausser dieser Beziehung aber sind synthetische Sätze a priori ganz unmöglich, weil sie kein Drittes, nämlich keinen Gegenstand haben, an dem die synthetische Einheit ihrer Begriffe objective Realität darthun könnte." Am Ausdrücklichsten aber ist der antidogmatischen Seite des Apriori im Abschnitt „über Phänomena und Noumena" in der Kritik der r. Vn. S. 236—54 Ausdruck gegeben und im Anhange „Von der Amphibolie der Reflexionsbegriffe ebd. S. 254—75."

Endlich liefert „der transscendentalen Logik zweite Abtheilung, die transscendentale Dialectik" den vollgültigen Beweis für die antidogmatische Seite des Apriori der Kr. d. r. Vn. in unserem Sinne; denn der Kern des Beweises, dass wir nicht zu idealen Objecten durch einen transscendenten Gebrauch apriori'scher Begriffe gelangen dürfen, ist schliesslich jedesmal der, dass wir dadurch über die subjective Bedingung unserer Erkenntniss, wodurch letztere auf Erscheinungen beschränkt ist, hinausgehen würden.

3. Kapitel.

Ueber das Bleibende von Kant's Apriori, so wie es nach der Kritik der reinen Vernunft aufzufassen ist.

Es kam uns auf das Bleibende in den Kant'schen Grundgedanken an. Um dies aus der angegebenen Darstellung zu finden, ist eine Kritik erforderlich. Diese richtet sich auf drei Punkte: 1) auf das Wesen des Apriori, 2) auf den Erweis von dessen Wirklichkeit, 3) auf die Folgen davon für die Art unserer Erkenntniss. Der zweite Punkt hat wieder zwei Seiten. Denn der Erweis der Wirklichkeit des Apriori enthielt a) den von der subjectiven Existenz desselben in unserem Geiste, b) von dessen nothwendiger Beziehung auf objective Erkenntniss der Erfahrung. — Ebenso hat der dritte Punkt zwei Momente: Er betraf a) die Einschränkung der Erkenntniss auf Erfahrung, b) desgl. auf Erscheinungen. Da diese Punkte für unsere Kritik von gleicher Wichtigkeit sind, so wird dieselbe folgende Fragen wesentlich zu beantworten haben:

A. Ist das Wesen des Apriori von Kant richtig bestimmt worden, und zwar in Sonderheit mit Rücksicht auf die Kriterien desselben, Nothwendigkeit und strenge Allgemeinheit?

B. Ist der Besitz des Apriori in den Grundlagen unseres Erkenntnissvermögens richtig erwiesen?
(A und B betreffen die ideale Seite).

C. Ist die Anwendung des Apriori bei Erkenntniss der Erfahrung als nothwendig erwiesen?
(Transscendentale Seite).

D. Ist die Beschränkung unserer Erkenntniss auf Erfahrung richtig begründet?
(Kritische Seite).

E. Ist deren Einschränkung auf Erscheinungen gerechtfertigt?
(Antidogmatische Seite).

Ad A.

Das Wesen des Apriori, welches ganz unvermischt sich im Rein-Apriori darsellt, sollte darin bestehen, dass es von aller Erfahrung schlechthin unabhängig ist. (cf. Kr. d. r. Vn. Einl. S. 36). Ist es dies wirklich, so muss diese Eigenschaft aus seinen wesentlichen Merkmalen folgen, aus der Nothwendigkeit und strengen Allgemeinheit. Dies ist auch nach Kant der Fall, „denn," heisst es ebd., „Erfahrung sagt wohl, dass etwas so oder so sei, niemals aber, dass es nicht anders sein könne," sie gäbe also keine Nothwendigkeit; und ferner: „Erfahrung giebt niemals ihren Urtheilen wahre oder strenge, sondern nur angenommene und comparative Allgemeinheit (durch Induction), so dass es eigentlich heissen müsste: „so viel wir bisher wahrgenommen, findet sich von dieser Regel keine Ausnahme," (S. 37).

Dieser Beweis Kant's schliesst aber zu viel. Er wäre nur richtig, wenn wirklich diese Art der Erfahrung die einzig mögliche wäre. Kant bezeichnet die hier zur Erreichung der Erfahrungsallgemeinheit angewendete Methode als „Induction." Diese ist aber nur eine Seite der Erfahrung. Sie geht nur auf die auf Selbst-Beobachtung gegründete Erfahrung, nicht auf die innere, deren Methode nicht inductiver Art ist, sondern auf Selbst-Besinnung beruht. Es ist freilich richtig, dass Allgemeinheit und Nothwendigkeit nicht aus der Erfahrung stammen, aber darum werden sie doch durch dieselbe entdeckt. Also ist auch das Apriori nicht unabhängig von Erfahrung „überhaupt", sondern nur von der inductiven inneren Erfahrung. Jenes würde, genau genommen, sogar mit Kant's eigenem Grundsatz: „Alle Erkenntniss fängt mit der Erfahrung an" in Widerspruch stehen. Es stammt das Apriori also nur nicht aus der Erfahrung, sondern aus uns. Also bleiben zwar die Kriterien des Apriori bestehen, (die Ueberweg mit Unrecht a. a. O. 3. Thl., S. 167 unter dem Texte bekämpft) nicht aber der ihnen von Kant gegebene und auch auf das Apriori bezogene Sinn. Dieser ist dahin zu berichtigen, dass das Apriori nur von aller inductiven Erfahrung unabhängig ist, freilich aber aus keiner Erfahrung, als welche stets zugleich sinnlich oder doch durch Beziehung zum Sinnlichen endlich ist, entspringen kann. Somit ist es das „Schöpferische," welches das Wesen des Apriori ausmacht, und das ist wieder ganz im Sinne Kant's. Sehr scharf und klar hat diesen Sinn des Apriori B. Meyer erläutert a. a. O. S. 159 —70, besonders S. 164—65, wo es heisst: „Eine Analyse unserer

Erkenntniss zeigt uns einen doppelten Bestand, einen stofflichen Inhalt, der nicht von uns herrührt, sondern uns durch Sinneswahrnehmung gegeben wird, und eine Form der Aufnahme dieses Inhalts, die wegen ihrer Nothwendigkeit und Allgemeinheit nicht von Aussen stammen kann, sondern unserer Seele ursprünglich eigen, angeboren sein muss. Diese ursprüngliche Form unseres Anschauens und Denkens sitzt nicht als „fertiger" Begriff in unserer Seele, sondern nur als eine Actionsform, die sich äussern muss, sobald ein gegebener sinnlicher Erfahrungsstoff ihre Thätigkeit erregt. Dieser Besitz unserer Seele wird also nicht von ihr aus der Erfahrung erworben, sondern nur seine Aeusserung durch die Erfahrung erregt" — ferner S. 167: „es genügt die einfache Selbstbesinnung, uns zu vergegenwärtigen, dass wir den Raum gar nicht wegdenken können, weil er die Form unserer Anschauung selber ist. Es wird uns unmittelbar gewiss, dass dies nicht blos eine Eigenthümlichkeit unserer eigenen Seele ist, die einer Bestätigung durch die Beobachtung Anderer bedarf, bevor wir sie als eine Eigenthümlichkeit der menschlichen Seele überhaupt ansehen. Wir nehmen vielmehr sofort unbedingt an, dass eine menschliche Seele ohne Raumanschauung nicht zu denken ist." Endlich ist vorzüglich wichtig die Stelle S. 168 daselbst: „die Selbstbesinnung, die zum Apriori'schen führt, ist also offenbar unterschieden von der Beobachtung seelischer Erfahrungsthatsachen, aus der wir allgemeine Sätze unseres Seelenlebens ableiten. Bei der ersteren nehmen wir, geleitet von den festen Kriterien der Allgemeinheit und Nothwendigkeit, nur Abstraction und Reflexion zu Hülfe, bei der zweiten gehen wir ohne festen Loitstern den Weg der Induction. Diesen Unterschied hat Kant im Auge gehabt, als er von der Erkenntniss des Apriori die Belehrung durch innere Erfahrung abwies, er meinte nur die durch Induction gewonnene innere Erfahrung. Ohne dieselbe sollte das Apriori in unserer Seele entdeckt werden und ohne sie wird es auch entdeckt."

Kant hat also etwas Richtiges gesehen und nur nicht den treffenden Ausdruck gefunden. Denn das Wesen seines Apriori besteht seiner positiven Natur nach in der That darin, dass es nicht aus den Dingen, sondern aus dem Geiste in uns stammt. Es soll dessen Selbständigkeit gegenüber der Natur und Sinnlichkeit beweisen, und das wird durch das Wesen des Apriori als eines nur aus uns stammenden geistigen Besitzes mehr erreicht als durch das negative Kriterium der Unabhängigkeit von der Erfahrung. Somit wird die

Ansicht Kant's durch diese Abänderung seiner Auffassung des Apriori nicht zerstört, sondern sogar erhöht. Dass aber das Wesen des Apriori in dem Schöpferischen besteht, hat auch Trendelenburg anerkannt. Dieser weist nämlich den Unterschied analytischer und synthetischer Urtheile zurück: Siehe desselben „Logische Untersuchungen Bd. II, Abschn. XVI, S. 239—44. Auch Steinthal (in den Vorlesungen „über Sprachphilosophie") stimmt ihm darin bei und unterstützt ihn vom sprachlichen Standpunkte aus. Denn in jedem Urtheile komme das Subject überhaupt nur soweit ins Bewusstsein, als es im Prädicate charakterisirt sei. Diese Charakteristik setze eine Vergleichung seiner Begriffe voraus, in der stets beide Momente des Zusammenhaltens und Unterscheidens, d. i. Trennens, enthalten sind. Der Sprache, welche in dem Satze die Grundlage der Form des Urtheils enthalte, komme es sogar nur auf das äusserliche Charakteristicum an. Diese Bedenken sind jedoch nur vom logischen Standpunkte zum Theil stichhaltig. Denn freilich ist jedes Urtheil synthetisch und analytisch zugleich. Der allerdings stets vorhandene Gegensatz von Synthesis und Analysis im Urtheile bezeichnet, blos logisch genommen, nicht sowohl eine Verschiedenheit der „Urtheile selbst", als der Thätigkeiten „beim" Urtheilen. Anders aber stellt es sich metaphysisch. Denn wenn demnach in rein logischer Hinsicht der Unterschied dieser Urtheile zum Theil wegfällt, so bleibt doch der der Sache bestehen und also auch die in Bezug auf die Synthesis von Kant angedeutete Schwierigkeit. — Solche Synthesis ist ihm zwar so lange ganz wohl erklärlich, als man sich in der Erfahrung bewegen, also in allen empirischen Urtheilen, nicht aber in den a priori'schen. Daher fragt er: „Wie sind synthetische Urtheile a priori möglich?" Diese Frage muss jedoch nach dem Vorangegangenen lauten: „Wie ist die Synthesis in a priori'schen Urtheilen möglich?" — Demnach ist es falsch, zu behaupten, dass mit dem Unterschiede jener Urtheile die ganze Frage der Kritik der r. Vn. falle. Nein, sie gewinnt durch die richtige Deutung des der Sache nach vorhandenen Unterschiedes erst ihren vollen Sinn! Was war es denn, das die Synthesis in a priorischen Urtheilen schwierig machte?" Es war dies, dass in ihnen die Zuflucht zur Erfahrung unmöglich ist, weil das Apriori'sche in dieser wohl entdeckt wird und sich offenbart, aber nicht als solches in ihr eine Stelle hat und aus ihr stammt. Insofern es also als Eigenthümliches im Urtheile sich geltend macht, dieses seinem Inhalte nach bestimmen soll und also zum Theil wenigstens selbst den Inhalt der Erfahrung entzieht, muss es dasselbe durch sein Wesen bestimmen. Kann aber alsdann die von ihm verlangte Synthesis nicht in der Erfahrung liegen, so muss sie in ihm selbst enthalten sein, d. h. nichts Geringeres, als das Apriori muss einen Inhalt wenn auch nicht schaffen, doch wenigstens nachschaffen, wenigstens formal „selbstschöpferisch" sein. So erkennen auch wir hier klar, dass das, was Kant sucht, die schöpferische Macht des Apriori ist und Trendelenburg a. a. O. Bd. 2, S. 243 treffend bemerkt: „Wenn sich nun in jedem Urtheil der Gegensatz des Analytischen und Synthetischen ausgleicht, hat denn jene Grundfrage der Kant'schen Kritik, wie synthetische Urtheile a priori möglich seien, ferner keinen Sinn mehr? Die Frage betrifft nach dem Zusammenhang der kantischen Untersuchungen das Ursprüngliche und Schöpferische im Erkennen . . ."

Sehr wichtig scheint mir hier eine nicht genug beachtete Stelle, in der Kant selbst das Wesen des Apriori als schöpferisch mit ausdrücklichen Worten bezeichnet. Sie findet sich in der „Tugendlehre" § 19, a. a. O. Werke Bd. 5, S. 281. Dort sagt Kant: Geisteskräfte sind diejenigen, deren Ausübung nur durch die Vernunft möglich ist. Sie sind sofern „schöpferisch", als ihr Gebrauch „nicht aus Erfahrung" geschöpft, sondern „a priori" aus Principien abgeleitet wird. Dergleichen sind Mathematik, Logik und Metaphysik der Natur, welche zwei letzteren auch zur Philosophie, nämlich der theoretischen, gezählt werden." Also bedeutet das Synthetische eine nothwendige Beziehung des Urtheils auf den Inhalt, so dass dieser durch die im Urtheile selber sich offenbarende a priori'sche Einheit wesentlich bestimmt wird. Dies hat Cohen richtig erkannt und sich damit das grosse Verdienst erworben, in metaphysischer Beziehung den bleibenden und klassischen Werth des Unterschieds zwischen synthetischen und analytischen Urtheilen erwiesen zu haben. Diese sind „ontologisch," jene „Urtheile einer möglichen Erfahrung", wie er S. 198 es ausdrückt. Doch möchte ich letzere lieber bezeichnen als Urtheile einer auf einen wirklichen und a priori bestimmten, daher wahrhaft nothwendigen Inhalt bezogenen objectiven Erkenntniss, indem ich meine Ausführungen ad 5 des Excurses, besonders unter d und e berücksichtige. Demnach hat auch die Logik die Pflicht, dieses klassischen Unterschiedes eingedenk zu sein, wie es Zimmermann ist in seiner „Philos. Propädeutik" S. 45 ff. — Bei Cohen ist über diesen Punkt zu vergleichen Absch. XII, bes. S. 191 ff. Gewiss richtig hat er dort S. 196 erwiesen, „synthetische Urtheile seien solche, in welchen die synthetische Einheit der Apperception zum Ausdruck komme". Nur hinsichtlich der Erkenntniss endlicher Objecte gilt aber die sich anschliessende Deutung dieses Satzes, dass er so viel sei als: „in welchen der synthetischen Einheit, als einer Function, das Mannigfaltige des inneren „Sinnes" zu Grunde liege." Die aus letzterem Satze gezogene Folgerung erkenne ich deshalb auch nur in folgender, durch Einschaltung in Klammern erkennbaren, Modification an: „Und da durch die Verbindung beider Erkenntnissquellen das Object [der theoretischen Erkenntniss] der Erfahrung hergestellt wird, so können wir sagen, synthetische Urtheile seien solche, in welchen die synthetische Einheit der Apperception Subject und Prädicat zu einem Gegenstande der objectiven formalen Erkenntniss der Erfahrung verknüpft."

Also müssen wir unsere erste kritische Frage dahin beantworten: Kant hat zwar das Wesen des Apriori richtig erkannt, wie seine Kriterien des Nothwendigen und strengen Allgemeinen beweisen, aber er hat es zum Theil nicht richtig bestimmt, indem er es für das von aller Erfahrung Unabhängige erklärte. Es ist nicht sowohl das von aller Erfahrung Unabhängige als das aus keiner Erfahrung Stammende. Nur von der inductiven Erfahrung ist es nicht abhängig, wohl aber von der nicht inductiven Erfahrung durch Selbstbesinnung. Schon die Kriterien des Apriori bestimmen dies vielmehr als ein Selbstständiges, ja als ein wenigstens formal Schöpferisches in uns, und dass es dies auch im Uebrigen nach Kant sein soll, bekundet der Sinn, den, sachlich betrachtet, allein die Frage: „Wie sind synthetische Urtheile a priori möglich?" haben kann.

Ad B.

Wir kommen zur zweiten Frage. Sie ist nur zum Theil zu bejahen, nämlich hinsichtlich der Sinnlichkeit und des Verstandes. Sind denn aber dies die einzigen Grundlagen der Erkenntniss? Kant behauptet zwar in der Kritik der r. Vn. S. 56, „dass es zwei Stämme der menschlichen Erkenntniss gäbe" . . . „Sinnlichkeit und Verstand". Aber er hat dies nirgend erwiesen. Im § 1 ebd. S. 59 heisst es freilich: „Die Fähigkeit (Receptivität), Vorstellungen durch die Art, wie wir von Gegenständen afficirt werden, zu bekommen, heisst Sinnlichkeit." Indess auch dies ist nicht weiter begründet und kann vielmehr nur von der Fähigkeit, Vorstellungen von endlichen Gegenständen zu erhalten, gelten. Nicht für die „endliche" Erkenntniss, sondern für die „Erkenntniss vom" Endlichen gilt es, dass Sinnlichkeit und Verstand deren einzige Grundlagen sind. Das Ergebniss, dass wir über die Endlichkeit nicht hinaus können, ist hier also schon vorausgesetzt, d. h. es liegt eine petitio principii vor. So lange es aber nicht erwiesen ist, dass es nur Erkenntniss vom Endlichen giebt, bleibt die Möglichkeit, dass uns nicht sinnliche Gegenstände gegeben werden, bestehen, und also auch dies, dass es eine dem Inhalte nach nicht sinnliche Anschauung geben könne. Weil Kant dies übersah und endliche Erkenntniss gleichsetzte mit Erkenntniss vom Endlichen, hat er Sinnlichkeit und Verstand anstatt Anschauungsvermögen und Verstand als Grundlagen aller menschlichen Erkenntniss bezeichnet und darum jenes Vermögen nur zum Theil analysirt. Er hat gar nicht den Versuch gemacht, einen nicht sinnlichen Inhalt zu entdecken und daher hinsichtlich des Anschauungsvermögens, als des unmittelbar auf den Gegenstand gerichteten Vermögens, im Gegensatz zum Verstande, als dem in dieser Beziehung zum Inhalte mittelbaren Vermögen, nur unvollständig den a priori'schen Besitz dargethan. Diese Lücke bei Kant ist Cohen entgangen und er theilt daher die bei jenem daraus hervorgegangenen Irrthümer. Denn S. 16 ff., wo er Kant's Principien der Sinnlichkeit erörtert, spricht er nirgend einen derartigen Tadel aus.

Die „Sinnlichkeit" ist ihrem Inhalte nach allerdings mit Recht von Kant (§ 1 der Kritik der r. Vn. S. 60) als material bezeichnet. Daher konnte der a priori'sche Besitz derselben in der That nur formal sein.

Auch hat Kant als solche Formen mit Recht „Raum" und „Zeit" hingestellt. Denn beide tragen den Charakter der Nothwendigkeit und strengen Allgemeinheit. Es ist aber festzuhalten, dass dies nur die Formen der sinnlichen Anschauung sind. Denn nur sinnliche Gegenstände können wir nicht anders als in „Raum" und „Zeit" denken. — Zu fragen, warum es nur zwei solcher Formen giebt, ist wie Bona Meyer a. a. O. S. 179 anerkennt, unberechtigt. „In dieser Entdeckung," sagt derselbe, „der reinen Elementarbegriffe unserer Seele konnte Kant irren, aber zur Auffindung einer derselben zu Grunde liegenden Einheit und einer Ableitung der einzelnen Begriffe aus derselben war er durch das Princip seines Kriticismus sicherlich nicht verpflichtet.

Trendelenburg's Einwand, dass die „Bewegung" ursprünglicher sei, ist ebenfalls unbegründet. Wenn „Raum" und „Zeit", da ohne sie nichts gedacht werden kann, keine abstrahirten Begriffe sind, sondern eben das, von dem man nicht abstrahiren kann, so können sie von nichts ausser uns abgeleitet werden und sind vielmehr dem Wesen nach allem Aeusseren, als Abstrahirbarem, schlechthin entgegengesetzt, ja sie begründen eben die Annahme eines Ursprünglichen in uns. „Ursprünglich in uns" hat daher zugleich den Sinn „nur in uns". Es ist nicht möglich, dass der Ursprung desselben Wesens oder Begriffs aus gerade Entgegengesetztem erfolge. Nun werden aber „Raum" und „Zeit" durch die Kriterien des Nothwendigen und strengen Allgemeinen schlechthin dem Aeusseren als dem Abgeleiteten oder zum Theil Abgeleiteten (zum Theil wenigstens aus ihnen Abgeleiteten) entgegengesetzt. „Raum" und „Zeit" auch aus dem Aeusseren folgen zu lassen, hiesse also mindestens soviel als: das Ursprüngliche aus dem wenigstens zum Theil Abgeleiteten herleiten, was ein Widerspruch in sich ist. Man vergl. besonders Kuno Fischer a. a. O. in dem Vortrage „Raum und Zeit als die ersten Bedingungen menschlicher Erkenntniss," vor Allem § II u. III. — Somit lag für Kant gar nicht die Möglichkeit vor, dass Raum und Zeit zugleich objectiv sein könnten, wenigstens nicht in demselben Sinne, wie sie subjectiv sind, nicht ihrem Ursprung nach. Trendelenburg's Trilemma, welches er in den „logischen Untersuchungen" S. 163 aufstellt: „Wenn wir nun den Argumenten zugeben, dass sie den Raum und die Zeit als subjective Bedingungen darthun, die in uns dem Wahrnehmen und Erfahren vorangehen, so ist doch mit keinem Worte bewiesen, dass sie nicht zugleich auch objective Formen sein können" —, ist also thatsächlich nicht vorhanden. Auch Cohen hat dies im Abschnitt IV „Transscendent. Erörterung von Raum und Zeit", bes. S. 48 ff. trefflich erwiesen; und seine auf diesen Punkt gerichteten Argumentationen im Abschn. V „Trendelenburg's Ansicht von der „Lücke" im transscendentalen Beweise" S. 62 fgg. sind sogar als glänzend zu bezeichnen. Mit Recht sagt er S. 67: dass die subjective Form zugleich eine objective Form sein solle, kann nur metaphorisch verstanden werden." Auch schon auf S. 35 wird die Disjunction: subjectiv oder objectiv verworfen. Ebenda heisst es bei Cohen: „Wir können uns dessen nicht erwehren, das a priori subjectiv zu fassen, und ihm ein Objectives entgegen zu setzen. Aber diese Correlation ist im Princip falsch, und aus ihr entstehen andere falsche Disjunctionen." Nur hätte Cohen hier auch gleich die Disjunction: real oder subjectiv verwerfen sollen, denn das Apriori ist, wie gezeigt, subjectiv und doch real. — Trendelenburg giebt aber selbst ebd. S. 156 zu, dass, wenn Kant's Gründe darthun, was sie darthun sollen, sich auch die Ansicht über die Bewegung ändern müsse. Er hat dadurch selbst seiner Bewegungslehre das Urtheil gesprochen. Weil Kant's Gründe ausreichend sind zur Darlegung der ausschliesslichen Subjectivität von Raum und Zeit hinsichtlich des Ursprungs derselben, so kann auch die Bewegung nicht die erste ursprüngliche Bedingung des Denkens sein. Es liessen sich noch viele Bedenken gegen dieselben von anderen Gesichtspunkten aus vorbringen, z. B. gegen die Bestätigung, die Trendelenburg a. a. O. S. 221 in der Sprache aufsucht. Nach Steinthal wenigstens, der in diesem Gebiete wohl competent sein dürfte, würde ihm entschieden zu widersprechen sein. Denn in seinen „Vorlesungen über Sprachphilosophie" hält Steinthal entschieden die Ursprünglichkeit der Elemente, die ein Sein bezeichnen, in der Sprache aufrecht und giebt in Sonderheit von den Wurzeln diesen Begriff: „Die Wurzel ist derjenige Laut in der Urzeit der Einsilbigkeit, der als einsilbiges Lautgebilde dem materiellen Inhalte der Vorstellung entsprach und ihn ausdrückte."

Anders ist es mit dem a priori'schen Besitz des Verstandes. Dieser steht nach Kant selbst der Anschauung als Vermögen der Begriffe entgegen. Also ist sein Inhalt, falls er einen solchen hat, nur mittelbar, durch Abstraction gegeben und ihm nicht eigenthümlich. Er ist ein blos formales Vermögen und also, insofern er isolirt betrachtet wird, inhaltlos. Andererseits ist es aber richtig, dass durch diese Mittelbarkeit seines Verhältnisses zum Gegenstande der Verstand der Sinnlichkeit ebenso wie der reinen Anschauung als ein von diesen wesentlich verschiedenes gegenübersteht, aus ersterem Grunde jedoch seine, d. i. die aus der Natur seiner eigenthümlichen Thätigkeit analysirten, der spontanen Funktion des Urtheilens, entwickelten Formen a priori sind als die eines Vermögens a priori. Also ist freilich die a priori'sche Eigenart des Verstandes ohne Weiteres gesichert. Auch ist bei Kant die Art, diesen Besitz darzulegen, in untadeliger Weise durchgeführt, wie Cohen im Abschn. VIII, dem wir oben S. 26 folgten, erwiesen hat. Auch Bona Meyer irrt also, wenn er im oft belobten Werke S. 178 sagt: „Es ist klar, dass Kant's Aufnahme der Kategorien auf Borg von der logischen Empirie geschah". Denn nicht auf die Apriorität der einzelnen, sondern auf die der ihnen zu Grunde liegenden synthetischen Einheit kommt es wesentlich an. Dass diese vorhanden ist, hat Kant dargethan, und auch, dass die Einheit der einzelnen logischen Kategorien und deren Gültigkeit nur aus jener stammen kann. Ob die einzelnen logischen Kategorien selbst a priori sind oder blos die ihr zu Grunde liegende synthetische Einheit, jenes war, wenn nur dieses erwiesen wurde und damit das a priori'sche Moment im Urtheilen, als der specifischen Function des Verstandes, sicher gestellt wurde, doch nur nebensächlich. Letzteres hat aber Kant genügend gezeigt, wie aus obiger Darstellung ersichtlich ist. Kant sagt: „die reine Synthesis allgemein vorgestellt, giebt nur den reinen Verstandesbegriff. Ich verstehe aber unter dieser Synthesis diejenige, welche auf einem Grunde der synthetischen Einheit a priori beruht." Dies erläutert Cohen S. 117 also: „So ist unser Zählen eine Synthesis nach Begriffen, nämlich nach der Einheit der Dekadik. Die sämmtlichen Formen nun der reinen Synthesis, wie sie sich in den Urtheilen darlegen, auf die ihnen zu Grunde liegenden Einheiten, auf die synthetischen Begriffe zu bringen, das ist die Arbeit der transscendentalen Logik und der Ertrag derselben die Tafel der Kategorien."

„Um bei den vorigen Beispielen zu bleiben. Der Begriff der Grösse ist der Grund der Einheit, unter welchem ich in dem mathematischen Axiome von der geraden Linie als der kürzesten die Synthesis des Mannigfaltigen der Anschauung zweier Punkte verbinde. Der Begriff der Ursache ist der Grund der Einheit, unter welchem ich die scheinende Sonne und den warmen Stein, welche mir die Anschauung darbietet, in ein synthetisches Verhältniss setze." Daher sagt er S. 119 mit Recht: „Ueber die einzelnen Kategorien mag Streit sein." Denn vorher heisst es: „Die einzelnen Kategorien sind uns nur insofern a priori'sche Formen der Erfahrung, als sie besondere Arten der ihnen allen gemeinsamen synthetischen Einheit sind." Oder S. 101: „Darum behaupten wir die Apriorität nicht sowohl der Kategorien als der Kategorie" ... „Denn die einzelnen Kategorien, obschon sie in ihrer logischen Qualität nicht nothwendige Denkformen sein mögen, — insofern sie eine synthetische Einheit in der Verknüpfung des Mannigfaltigen enthalten, sind sie sämmtlich a priori. Und mehr Apriorität darf nirgend behauptet werden, mehr hat auch der Raum nicht."

Unsere zweite kritische Frage beantworten wir somit dahin: „Kant hat wohl den a priori'schen Besitz in den Hauptelementen der Erkenntniss und damit in dieser überhaupt nachgewiesen, aber nicht genügend, weil nicht vollständig, letzteres wenigstens nicht hinsichtlich der Anschauung, da er diese nur als sinnliche Anschauung betrachtet hat.

Ad C.

Aus dem Ungenügenden, was wir in Behandlung der zweiten Frage bei Kant bemerkt haben, folgt schon an sich, dass auch die dritte nicht durchweg befriedigend von demselben gelöst sein kann. Denn Kant kann die Nothwendigkeit des Apriori zu allgemeiner und nothwendiger Erkenntniss nur dann, wenn diese sinnlichen Inhalt hat, und, da in solcher die Nothwendigkeit auch nur formal sein kann, auch nur in formaler Beziehung erwiesen haben. Aus blosser Form kann man aber keinen Inhalt erklären, also auch nicht aus a priori'schen Formen einen sinnlichen Inhalt, und wenn selbst der sinnliche Inhalt, insofern er in allgemeiner und nothwendiger Erkenntniss erscheint, ohne a priori'sche Bedingung nicht erkannt sein kann, so ist dies nur deshalb nicht der Fall, weil er von der Form nicht trennbar ist. Es ist aber nicht der sinnliche Inhalt selbst in seiner Nothwendigkeit dadurch erklärt. Dies übersieht Cohen, wenn er S. 111 Kant eine metaphysische Deduction zugesteht. Er sagt: „Erst später werden die „Stammbegriffe" zu den „Formen der Erfahrung" vertieft. Der metaphysischen „Deduction" folgt die „transscendentale". Nur von einer metaphysischen „Erörterung", wie bei Raum und Zeit, nicht von einer „Deduction" darf nach dem eben Dargelegten die Rede sein, und in so weit müssen Bona Meyer's Ausführungen auf S. 178 ff. gegenüber Cohen in Geltung bleiben. Auch des Letzteren sonst treffliche Darlegungen im Abschn. VIII und die Consequenzen, besonders in XII, wo es vom Synthetischen handelt, bedürfen in dieser Beziehung einer Einschränkung.

Kant sucht nun freilich einen Ausweg, in Folge dessen er sogar die empirische Beobachtung ganz entbehren zu können glaubt. Die transscendentale Apperception des Selbstbewusstseins soll der wirkliche objective Grund des Inhalts sein, sofern derselbe in der Einheit der Kategorien sich darstellt. Soll dies aber wirklich der Fall sein, so müsste Kant die Kategorien aus jener Einheit abgeleitet haben. Dies thut er aber nicht, sondern begnügt sich damit zu zeigen, wie die Kategorien jene Einheit mittelst der Schematismen offenbaren können, und dass, da es ausser der Apperception keine andere, alle Vorstellungen begleitende Einheit gebe, jene Möglichkeit sogar nur aus dieser Einheit folgen könne, also in ihr begründet sein müsse. —

Die Behauptung, dass es keine andere alle Vorstellungen begleitende Einheit gäbe, hat aber Kant weder erwiesen noch ist sie in sich evident. Denn die Apperception ist bei ihm nur formal gefasst, es ist nur gezeigt, dass keine Verstandes- und selbst keine Anschauungseinheit ohne sie gedacht wird. „Nicht „ohne" sie" ist aber nicht gleich „„durch" sie", noch weniger gleich „durch sie „allein"", letzteres schon deshalb nicht, weil Kant nur von sinnlichen oder doch inhaltlich nur sinnlichen Vorstellungen geredet und die intellectuelle Anschauung übersehen hat und als endlich das „Ich denke" nur, sofern jene Anschauung Einheit haben soll, nothwendig ist, also nur im Verstande liegt. Die Apperception hat also wohl unmittelbar reale Beziehung zu den Dingen und ist eine nothwendige a priori'sche Bedingung, aber nur von formaler Art. Sie ist die höchste Verstandeseinheit, nicht die höchste Einheit überhaupt, nur der höchste Reflexionspunkt, wie sie öfters (z. B. von Trendelenburg „über die philos. Syst. seit Kant") bezeichnet ist. Es ist also an sich so lange möglich, dass es noch eine andere, alle Vorstellungen begleitende Einheit giebt, als nicht auch der Inhalt aus der Apperception abgeleitet wird.

Die Möglichkeit, dass die Verstandeseinheiten die Einheit der transscendentalen Apperception offenbaren, hat Kant zwar in den Schematismen gezeigt und somit freilich erwiesen, dass thatsächlich in der transscendentalen Apperception sinnliche Anschauung und Verstand und also auch diese beiden mit der Erfahrung, wenngleich nur formal und dem Ursprunge nach subjectiv und deshalb auch da geeint sind, wo es sich um formal theoretische Erkenntniss handelt.

Die Art, wie diese Einigung zum Ausdrucke kommt, ist aber auch nicht als nothwendig dargethan. Denn Kant hat in den Schematismen wohl gezeigt, dass mittelst der Form des inneren Sinnes Anschauung und Verstand sich verknüpfen lassen, aber nicht, dass sie nur auf solche Weise, nur durch die Schematismen zu einigen sind. Diese enthalten also auch nur eine Combination des Zeitbegriffes mit den formalen Verstandeseinheiten, keine Deduction derselben. Diese transscendentale Deduction der Kategorien beweist also selbst in formaler Beziehung nur die Möglichkeit, nicht die ausschliessliche und nothwendige Art der Einigung zwischen Verstand und Anschauung. Die nothwendige Deduction wäre eben nur durch den Zusammenhang mit einem absolut real-apriori'schen Momente möglich gewesen, welches zu entdecken Kant gar nicht versucht hatte und nicht entdecken konnte, weil er sich die intellectuelle Anschauung sich verschloss.

In der That ist die Einigung in den Schematismen auch nur möglich geworden durch die aposteriorisch erkannte Einheit von Verstand und sinnlicher Anschauung, die freilich einen wirklichen, auch inhaltlich a priori'schen Grund haben muss. Kant hat in den Schematismen eigentlich nur einen Fehler wieder gut gemacht. Er hatte nämlich einerseits inneren und äusseren Sinn und dann Verstand und sinnliche Anschauung ungebührlich getrennt. Denn in Wahrheit ist auch letztere nicht blos receptiv, sondern enthält schon eine Zuthat aus unserem Innern. (Man vergl. B. Meyer u. a. O. S. 280—86, bes. S. 284). Anschauung ohne Verstand ist für uns Menschen nicht nur blind, sondern überhaupt ein Unding. Wohl aber ist Denken ohne Anschauen möglich, was jedoch nur verschiedene Erkenntniss-Elemente, nicht Vermögen ergiebt. Nun steht Kant's „innerer Sinn" freilich dem Verstande näher als der äussere, weil die Anwendung des letzteren, also sein Gebrauch in der Erfahrung zeitlich ist und zwar blos zeitlich ist, während Räumlichkeit nur den äusseren Vorstellungen zukommt. Dies Zeitmoment beweist aber hiernach gerade den factischen Zusammenhang zwischen Verstand und Anschauung in aller Erkenntniss und giebt sogar ein ausdrückliches Moment dieser Verbindung an. Dann ist aber auch Kant's Unterschied von innerem und äusserem Sinn noch weniger berechtigt. Denn wenn schon Verstand und Anschauung nur zwei Seiten oder Stufen eines Vermögens sind, so kann jedes dieser beiden letzteren noch weniger in besondere Vermögen gespalten werden. Ja, hier handelt es sich wirklich nicht einmal um zwei Stufen, sondern nur um zwei Seiten eines und desselben Erkenntnisselementes.

Demnach liegt die Sache so: Kant hat das Factum a priori'scher Formen in Anschauung und in Verstand erwiesen. Er hat auch die Möglichkeit, die beiden letzteren selbst in rein a priori'scher Beziehung zu verbinden, durch die Form der inneren Anschauung dargethan, jedoch nicht die Nothwendigkeit dieser Verbindung. Da aber in Wirklichkeit Sinnlichkeit und Erfahrung stets verbunden sind und zugleich jene nach Kant selbst zum Theil auf Affection realer Dinge beruht, so folgt schon daraus die Nothwendigkeit des Apriori zur nothwendigen und allgemein gültigen Erkenntniss der Erfahrung und ist damit dessen objective und reale Bedeutung festgestellt. Dieser Beweis für den objectiven Werth des Apriori hat jedoch für alle Erkenntniss nur in formaler Beziehung Geltung. Denn Kant hat nur den Besitz a priori'scher Formen erwiesen. Eine blos formale Erkenntniss der Erfahrung ist aber nur die rein intuitive, nur reine Mathematik. Also ist nur letztere vollständig durch a priori'sche Formen erklärt. Kant hat aber nicht gezeigt, dass auch zur nothwendigen discursiven empirischen Erkenntniss nur a priori'sche Formen genügen, sondern nur, dass ohne sie nicht Nothwendigkeit und Allgemeinheit, also ohne sie auch nicht in der zugleich discursiven empirischen Erkenntniss gewonnen werden. Hat doch Kant seine a priori'schen Formen weder aus einem a priori'schen Inhalt abgeleitet noch überhaupt einen solchen gesucht oder den metaphysischen Grund jener Formen aufgedeckt, sondern ihre subjective Gültigkeit mittelbar und aus transscendentalem Gesichtspunkte erwiesen. Denn seine transscendentale Apperception ist nur der höchste Punkt der factischen Offenbarung formal-apriori'scher Verstandseinheit in der theoretischen Erkenntniss, d. i. der höchste Reflexionspunkt. Da aber Kant hierüber sich täuschte und wirklich glaubte, in dem alle Vorstellungen begleitenden „Ich denke" einen rein a priori'schen Einheitsgrund auch für den Inhalt aller Erkenntniss gefunden zu haben, so hat er sich umsonst bemüht, aus seinen Kategorien auch den Inhalt empirischer Erkenntniss a priorisch bestimmen zu wollen.

Ueber die ad C gestellte Frage ist also Folgendes zu urtheilen. Kant hat „nur zum Theil" die Anwendung des Apriori bei der objectiven Erfahrungserkenntniss als nothwendig erwiesen, nämlich „nur zur Bestimmung der Erkenntniss der nothwendigen Formen" der Erfahrung, nicht zur „absolut unbedingten" Bestimmung der letzteren auch dem „Inhalte" nach. Nur die intuitive Erfahrungserkenntniss, die die Form auch als Inhalt betrachtet, ist gänzlich a priori bestimmt.

Nur die „blos" empirische Methode ist deshalb unwissenschaftlich, nicht aber eine Ergänzung durch dieselbe, die für die objective „discursive" Erkenntniss der Erfahrung „sogar gefordert wird". Hierüber urtheilt treffend und belegt es mit ausführlichen Gründen B. Meyer a. a. O. S. 144—206 im 5. Abschn. „Kant's Abweisung der psychologischen Empirie von Metaphysik, Logik und Ethik".

Ad D.

Kant hat die Beschränkung aller nothwendigen und allgemeinen Erkenntniss auf Erfahrung behauptet.

Der Beweis ist dieser: Alle objective und nothwendige Erkenntniss ist bedingt durch Anwendung a priori'scher Formen. Apriori'sche

Formen bekommen ihren Inhalt nur durch Erfahrung. Also ist alle objective und nothwendige Erkenntniss nur in der Erfahrung möglich. Der Schluss ist formal richtig und demnach gültig, falls die Prämissen es sind. Die erstere hat aber Kant in der That, wenigstens zum Theil, nämlich für die formale Seite der Erfahrungserkenntniss, erwiesen. Wie steht es mit der zweiten? Sie ist nicht bewiesen. Kant hat sie zwar im § 22 der Kritik der r. Vn. auf die Behauptung zu gründen versucht, dass Anschauungen ohne Begriffe blind sind. Wir haben diese Behauptung sogar noch gesteigert. Trotzdem würde sie die verlangte Beweiskraft nur dann enthalten, wenn alle Anschauung sinnlich wäre. Dies ist nun zwar nach Kant der Fall. Aber diese Einschränkung aller unmittelbaren Vorstellung auf einen sinnlichen, durch Erfahrung gegebenen Gegenstand ist willkürlich und nirgends von Kant gerechtfertigt. Ja, wir entdecken hier einen Grundirrthum der Kant'schen Philosophie, der auch für seine Ethik von weittragendster Bedeutung geworden ist und der darin besteht, dass er sich allen Inhalt „nur materiell" denken kann. Dieser Irrthum ist um so unbegreiflicher, als gerade Kant die schöpferische Macht des Apriori in der Neuzeit zuerst in aller Schärfe erschlossen hat. — Sollte dieser schöpferische Geist uns nicht unmittelbar Gegenstände nichtsinnlicher Art liefern und somit auch eine inhaltlich-apriori'sche Anschauung möglich machen? Das Dasein des Apriori mit seiner realen Beziehung spricht für Bejahung dieser Frage und hält sie so lange aufrecht, bis das Gegentheil dargethan ist. Haben wir doch (ad B) gesehen, dass die Möglichkeit der Auffindung apriori'schen Inhalts durch intellectuelle Anschauung nicht zu leugnen geht. Warum soll der Geist, wenn er etwas Sinnliches, ausser ihm Liegendes, entdecken und finden kann, nicht auch Geistiges irgendwie anschauen, d. h. unmittelbar aufnehmen können, wenngleich als ein ihm Fremdes? Etwas Anderes ist es, ob, da solche Anschauung keine endlichen und zugleich sinnlichen Formen hat, es möglich sei, ihre Wirklichkeit Anderen zu beweisen.

Jedenfalls also ist jener Beweis Kant's nicht zutreffend. Was aber kann diesen zum Irrthum verleitet haben und liegt nicht etwa seiner Prämisse eine sonst in seiner Philosophie wohlbegründete Voraussetzung zu Grunde, welcher er in ihr nur nicht den richtigen Ausdruck gegeben hat? Allerdings. Was das Erste anbetrifft, so hat nämlich Kant durch Hume's auf ihn so mächtig einwirkende Skeptik sich zu allzu grosser Vorsicht verleiten lassen und zumal hat ihm die (wie wir nachher sehen werden) wohl gegründete Ueberzeugung, dass alle nothwendige Erkenntniss nur Erscheinungen betreffe und nicht Gegenstände an sich, auch davor gewarnt, überhaupt ein unmittelbares Setzen von Gegenständen a priori und daher auch von dergleichen Anschauungen anzunehmen. Denn da seine Mittelbarkeit aller nothwendigen Erkenntniss eben auf der a priori'schen Zuthat beruhte, so leugnete er blos alle a priori'sche Unmittelbarkeit der Vorstellung von Gegenständen.

Dies führt uns nun auch auf die richtige Voraussetzung, der Kant in jener Prämisse einen falschen Ausdruck gegeben. Es ist nämlich allerdings möglich, dass es einen apriori'schen Inhalt wie eine apriori'sche Form giebt, ja es muss einen solchen geben, da die a priori'schen Formen, wie wir sahen, reale Bedeutung haben und also auch einen realen Grund haben müssen. Denn ein unmittelbares Aufnehmen der Gegenstände durch die Anschauung ist noch kein unmittelbares Erkennen derselben, wozu es noch der blos subjectiven Kategorien und im Sinnlichen auch der blos subjectiven reinen Formen der Anschauung bedarf.

Also ist auch von diesem Standpunkte nicht die Möglichkeit intellectueller Anschauung zu leugnen. Aber freilich hat diese keine Stelle in objectiver Erkenntniss. Denn für uns Menschen hat alle objective Wahrheit ihre Probe an der äusseren Erfahrung. Solche Beziehung zur äusseren Erfahrung hatte wohl die sinnliche Anschauung und also auch deren reine Formen „Raum" und „Zeit". Die intellectuelle Anschauung ist aber ihrem Wesen nach aller äusseren Erfahrung entgegengesetzt und es fehlt daher die Möglichkeit, ihrem Inhalte objective Anerkennung zu verschaffen durch a priori'sche Formen, die unmittelbar zur Sinnlichkeit Bezug haben. Also können zwar auch die Kategorien, die nur in Anwendung auf die sinnliche Anschauung mittelbar objective Bedeutung gewinnen, auf intellectuelle Anschauung angewandt werden, aber nur zu subjectiver Erkenntniss verhelfen, d. i. zu einer Analogie der Erfahrung.

Cohen jedoch giebt dies nicht zu. Denn, da ihm, wie S. 59 gezeigt, der Mangel Kant's hinsichtlich der Analyse der Receptivität entging, so bleibt ihm Sinnlichkeit die einzige Form der Anschauung. So heisst es S. 243 im Abschn. XIV: „Nicht in den Begriffen allein sondern in der Sinnlichkeit und zu allererst in dieser wird das Apriori entdeckt; und dadurch die intellectuelle Anschauung unmöglich gemacht". Wir aber werden dies nach dem eben Dargelegten nur in dieser Fassung anerkennen müssen: „Nicht in den Begriffen allein, sondern in der Anschauung und zwar zu allererst in der sinnlichen Anschauung wird das formale Apriori entdeckt und dadurch auch die Sinnlichkeit zu einer echten und unentbehrlichen Quelle der nothwendigen, formal a priori bestimmten, empirischen Erkenntnisse gemacht."

Demnach erhält jene Prämisse nunmehr diesen Sinn und enthält nur diese Wahrheit: Apriori'sche Formen bekommen objectiven positiven Inhalt nur in der Erfahrung, und der Schlusssatz lautet demgemäss: „Objective positive Erkenntniss ist nur auf Erfahrung beschränkt." Unter dieser Einschränkung bejahen wir also unsere vierte kritische Frage.

Ad E.

Hinsichtlich der letzten Frage werden wir etwas ausführlicher sein müssen. Sie betrifft Kant's Behauptung, dass alle Erkenntniss nur auf Erscheinung, nicht auf Dinge an sich gehe.

Alle theoretisch objective Erkenntniss ist nämlich nach Kant an die a priori'schen Formen von Raum und Zeit gebunden. Diese aber sind ihrem Ursprunge nach bloss subjectiv, liegen also blos in unserem Geiste, nicht auch in den Dingen. Folglich liefert unser Erkenntnissvermögen nicht die Dinge selbst, sondern dieselben nur insofern sie mit diesen Formen behaftet sind, also ihre Erscheinungen.

Gegen diesen Beweis, dünkt mich, liesse sich nichts einwenden, am wenigsten, wenn man ihn in Kant's Sinne nimmt, d. h. in der Einschränkung auf die Erfahrungserkenntnisse. Da deren Inhalt gewiss nicht a priori'scher Art ist, so ist ja sicher die theoretisch apriori'sche Form demselben erst aufgeprägt, und dieser Inhalt geht durch jene Formen als durch etwas ihm Fremdes bei der Erkenntniss erst hindurch.

Trotzdem sind hier besonders zwei Argumente gegen Kant geltend gemacht. Beide sind am schärfsten hervorgehoben von Trendelenburg, und es genügt daher, dessen Gründe zu beleuchten.

Cohen's Polemik gegen denselben im Abschn. V ist von seinem Standpunkte aus zwar glänzend und schlagend geführt, und was nicht blos mit den Voraussetzungen seiner „Theorie der Erfahrung" zusammenhängt, auch überhaupt zu billigen. Indess da ich Cohen's Standpunkt, der auch hier die Basis ist, nicht anerkennen kann, so muss ich selbständig Trendelenburg's Ansicht beleuchten. Es ist besonders der Irrthum Cohen's, dass er die Frage nach dem Dinge an sich im Abschn. XIV gänzlich abweist, der seine Argumentationen abschwächt. Diese Täuschung Cohen's war eine Folge seiner Ansicht vom Transscendentalen, wie ich unter 5 e des Excurses gezeigt, nämlich der Ansicht, dass alles nothwendige Sein nur formal sein sollte, sodass ihm auch die Materie in die a priori'sche Form aufging. So kam es, dass ihm sogar die transscendentale Idealität des Raumes die Idealität der Dinge im Raume bedeutete. Nicht nur jener, wenn wir ihn, unabhängig von unserer Vorstellung, als etwas an sich auffassen — denn das besagte die transscendentale Idealität — sondern auch das Ding selbst, falls es auch ausserhalb unserer Vorstellung ein Sein haben soll, sei nichts (siehe Cohen a. a. O. S. 60). Indem Cohen aus diesem Grunde die Dinge an sich gänzlich aufhebt und leugnet (wie Abschn. XIV, bes. S. 253 es unzweifelhaft ergiebt), entgeht diesem Gegner Trendelenburg's einer der wichtigsten Argumente. Letzterer tadelt nämlich zuerst Kant's ausschliesslichen Subjectivismus und dann den Eidolismus. Als Hauptstelle dafür erscheint mir der Abschnitt VI in den „Log. Untersuchungen." Dort resümirt Trendelenburg S. 162 die vier Argumente Kant's für die Subjectivität und Apriorität von Raum und Zeit. Dazu bemerkt er S. 163: „Wenn wir nun den Argumenten zugeben, dass sie den Raum und die Zeit als subjective Bedingungen darthun, die in uns dem Wahrnehmen und Erfahren vorangehen, so ist doch mit keinem Worte bewiesen, dass sie nicht zugleich auch objective Formen sein können." In demselben Sinne kritisirt er S. 162 den ersten Beweis mit den Worten, „dass Raum und Zeit nur etwas Subjectives seien, dies ausschliessende „nur" ist nicht begründet" und ebenso den zweiten Beweis, wenn er sagt: „Sie sind beide etwas Subjectives. Was verhindert sie aber zugleich etwas Objectives zu sein? Sind sie vielleicht nicht gerade darum für den Geist nothwendig, weil sie es für die Dinge sind?" Ueber letzteren Punkt insbesondere urtheilt er S. 163: „Kant hat kaum an die Möglichkeit gedacht, dass sie beides zusammen seien. Wie er einmal Subjectives und Objectives trennte, warf er die Dinge entweder in die eine oder in die andere Klasse. Seine unterscheidende Schärfe überholte darin den vereinigenden Tiefsinn. Und doch dringt es sich unabweislich auf, dass, wenn überall ein Erkennen denkbar sein soll, das Letzte und Ursprüngliche dem Denken und Sein gemeinsam sein muss."

Trendelenburg fordert also, dass Raum und Zeit subjectiv und objectiv zugleich sein sollen. Diese Möglichkeit soll Kant nicht gesehen haben, und doch ist es gerade er, der die objective Gültigkeit jener Formen trotz oder wegen ihres subjectiven Ursprungs gelehrt hat. (Vergl. oben S. 28—29 unter B). Also hat Kant die Möglichkeit, dass etwas subjectiv und objectiv zugleich sein könne, wohl gesehen. Raum und Zeit sind subjectiv ihrem Ursprunge nach, aber objectiv in der Anwendung, d. h. sie stammen aus unserem nicht sinnlichen Innern — was jedoch nicht hindert, dass dies wieder den Quell in einem absolut Geistigen habe —, sind aber eben dadurch befähigt, ihren in diesem Ursprunge begründeten Charakter der Allgemeinheit und Nothwendigkeit auf die Erkenntniss der Dinge zu übertragen, in denen, als Einzelnen, jene Eigenschaften nie enthalten sein könnten und deren Summe ebenso wenig die Begriffe von Nothwendigkeit und strenger Allgemeinheit ergeben würde. — Trendelenburg verlangt aber, dass Raum und Zeit in demselben Sinne subjectiv und objectiv zugleich seien. Diese Möglichkeit hat Kant freilich nicht gesehen, und dass sie überhaupt nicht vorliegt, ist oben (S. 42) gezeigt. Jedenfalls hätte also Trendelenburg seine Behauptung demgemäss einschränken müssen. Es fehlte Kant in der That so wenig an vereinigendem Tiefsinn als an unterscheidender Schärfe. Als Beweis für jene Eigenschaft steht seine „Kr. d. pr. Vn." da, wenn für diese die „Kr. d. r. Vn." einen ausgezeichneten Belag enthält.

Hat denn aber Kant etwa jene andere Forderung verkannt, dass das Letzte und Ursprüngliche dem Denken und Sein gemeinsam sein müsse? Nein, wahrlich nicht! Das ist so wenig der Fall, dass seine ganze Unterscheidung von Ding an sich und Erscheinung nur als eine Rücksicht auf jenes Verlangen erscheint. Diese spricht nämlich nichts Anderes aus, als dass unsere Erkenntniss jener Forderung nicht entspreche, also nur in „ihr" jener absolute Einheitspunkt nicht enthalten sei. Weil dieses nicht der Fall sei, darum kann unsere Erkenntniss überhaupt nicht das volle Wesen der Dinge treffen, sondern nur soweit sie es in der Erkenntniss offenbaren, also nur zum Theil.

Dies führt uns aber auf den zweiten Vorwurf, nach welchem Kant's Lehre die Erkenntniss in Schein verwandele.

Trendelenburg sagt zwar a. a. O. S. 159: „Wir stellen nicht dar, was Kant wollte, sondern wir sagen, was sich auch gegen seinen Willen ergiebt." Dann aber fährt er bald darauf fort: „ . . . so lange wir von Erscheinung sprechen, stellen wir die Dinge, die unsere Auffassung weiter zeugen, in den Hintergrund. In demselben Sinne sagt Kant, dass wir die Erscheinung der Dinge kennen, obwohl nur diese, „„d. i. die Vorstellung, die sie in uns wirken, indem sie unsere Sinne afficiren."' So wehrt Kant den Schein ab, indem er die Erscheinungen auf wirkende, den Sinn afficirende Dinge bezieht. Indessen darf er von wirkenden Dingen gar nicht reden. Die Erfahrung kann darum bei ihm nicht als Wirkung gefasst werden, weil in seiner Lehre das Gesetz der Ursache und Wirkung selbst nur subjectiv ist . . . ." — Dieser letzte Schluss Trendelenburg's ist aber falsch, also auch die vorangehenden Behauptungen, die er begründen soll, und somit ist hier durchaus nicht dargestellt, was auch gegen Kant's Willen sich ergiebt. Der von Trendelenburg behauptete Widerspruch löst sich einfach dadurch, „dass, wenn Kant die Erkenntniss des Dinges an sich leugnet, dies nur den Sinn haben kann, dass dasselbe nur zum Theil erkannt werden kann", dass unsere Erkenntniss dem Wesen desselben nicht vollständig congruirt, wohl aber insoweit, als die Dinge unsere Sinnlichkeit afficiren und uns erscheinen. Auch hatte Kant nur die Form der Erkenntniss, nicht den Inhalt subjectiv und a priorisch bestimmt. Also sind wohl die formalen Elemente nothwendiger Erfahrungserkenntniss nur subjectiv, nicht die Erkenntniss selbst, auch nicht in ihrem allgemeinsten Theile. Denn die Grundsätze der Causalität u. s. w. sind nicht blosse Elemente, sondern schon Erkenntniss selbst. Ist aber dieses der Fall, so fällt jener Widerspruch fort. Denn die Dinge können zum Theil Erscheinungen sein, und jene Erscheinungen selbst sind ihrem Inhalte nach nicht blos subjectiv. Für Erscheinungen gelten ja aber eben die Gesetze der Causalität, Wechselwirkung u. s. w. Uebrigens ist es ein Fehler, wenn Trendelenburg hier und Ueberweg a. a. O. Thl. III, S. 176 in der Anmerk. diese Affection nach dem Gesetze der Causalität bestimmen lässt, während nach Kant dieselbe nach dem der Wechselwirkung stattfinden muss. Dies wird bestätigt durch Cohen's Ausführungen auf S. 230—32.

Dass aber Kant's Leugnung der Erkenntniss von Dingen an sich in der That nur den von uns behaupteten Sinn hat, wonach die Gegenstände der Erkenntniss zwar Erscheinungen, aber nicht blos solche, sondern auch noch etwas ausser der Erscheinung sind, bezeugen viele Stellen in seinen Werken, von denen ich folgende besonders hervorhebe: 1) Kritik der r. Vn. a. a. O. S. 24, wo Kant behauptet, dass „die Kritik nicht geirrt hat, da sie bloss das Object in zweierlei Bedeutung lehrt, nämlich als Erscheinung, „oder als Ding an sich selbst" . . . . . „denn sonst" heisst es ebend. schon vorher, „würde der ungereimte Satz . . . folgen, dass Erscheinung ohne etwas wäre, was da erscheint". 2) ebend. die Anmerk. S. 85: „die Prädicate der Erscheinung können dem Objecte selbst beigelegt werden, im Verhältniss auf unseren Sinn . . . " 3) ebend. S. 419 und 20, bes. die Worte: die Wirkung kann also in Ansehung ihrer intelligiblen Ursache als frei, und doch zugleich in Ansehung der Erscheinungen als Erfolg aus denselben nach der Nothwendigkeit der Natur angesehen werden." 4) Der Anfang der Kr. d. r. Vn., dass alle Erkenntniss mit der Erfahrung anhebt; 5) Kant's Kritik des kartesianischen Idealismus, ebend. S. 223 und 224, 6) „Prolegomena zu jeder künftigen Metaphysik," Werke Bd. 3, § 18—20 und die Anmerkungen dazu.

Demnach ist Kant's Lehre kein Eidolismus. Trendelenburg selbst tadelt bei Schopenhauer diese Auslegung Kant's, wenn er in den „Logischen Untersuchungen" Bd. 2, Abschn. X. S. 108 sagt: „Schopenhauer steht auf Kant, aber wo er an Kant anknüpft, biegt er ihn. So biegt er den transscendentalen Idealismus in die Lehre von der Maja. Die Erscheinung macht er zur blossen Vorstellung in unserem Kopfe, zum Scheine." Besonders jene letzt genannte Stelle der Prolegomena spottet solcher Deutung.

Denn es ist kein Grund den Unterschied des Dinges an sich und der Erscheinung bei Kant nicht für Ernst zu nehmen; ja, es wird sogar die Einheit im Grunde dort als Bedingung der Erkenntniss gefordert. Es heisst nämlich S. 216: . . „wenn wir Ursache finden, ein Urtheil für nothwendig allgemein gültig zu halten, (welches niemals auf der Wahrnehmung, sondern dem reinen Verstandesbegriffe beruht, unter dem die Wahrnehmung subsumirt ist), so müssen wir es auch für objectiv halten, d. i. dass es nicht blos eine Beziehung der Wahrnehmung auf ein Subject, sondern eine Beschaffenheit des Gegenstands ausdrücke; denn es wäre kein Grund, warum Anderer Urtheile nothwendig mit den meinigen übereinstimmen müssten, wenn es nicht die Einheit des Gegenstandes wäre, auf den sie sich alle beziehen, mit dem sie übereinstimmen, und daher auch alle untereinander zusammenstimmen müssen." Also wirkt hier der Gegenstand, freilich nicht mit seinem ganzen Wesen, sondern nur, sofern er erscheint. Die Einheit der Sache ist also, wie diese selbst, bei Kant vorhanden, nur in die Erkenntniss selbst wird die Einheit nicht verlegt und nicht zum Princip derselben gemacht. Sagt doch Trendelenburg auch selbst einmal, dass das Denken kein Schaffen, sondern ein Nachschaffen der göttlichen That sei.

So ist also Kant's Lehre kein Eidolismus. Denn sie leugnet nicht die Dinge an sich, sondern nur die Möglichkeit ihrer vollständigen Erkenntniss.. Das theoretische Princip der Wahrheit ist daher nach ihr nur die Uebereinstimmung der Erkenntniss mit den Erscheinungen nach den a priori'schen Gesetzen der Vernunft und nicht mit den Dingen selbst wie bei Aristoteles. Dennoch setzt die theoretische Wahrheit, eben als nothwendig, die absolute Wahrheit voraus, aber als etwas Unerreichbares und somit als etwas, das niemals Princip theoretischer Erkenntniss werden kann.

Ebenso wenig ist Kant's Lehre ein absoluter Subjectivismus. Denn dann müsste jener das empirische innere Ich selbst zum Centrum und Ausgangspunkt alles Seins machen. Davor hat Kant gerade durch seine Unterscheidung von Ding an sich und Erscheinung gewarnt, wie auch durch seinen Begriff des Objectiven, der seine Probe an der äussern Erfahrung hatte, obzwar an einer formal apriorisch bestimmten Erfahrung. Es ist somit wohl an sich eine Consequenz aus Kant, wenn man das Subject zum schlechthin absoluten und nicht blos zum formalen Grund des Objects macht, aber dieselbe ist nur einseitig gezogen und widerspricht der Kant'schen Gesammt-Ansicht, welche solcher Folgerung durch die Unterscheidung des Dinges an sich und der Erscheinung sowie des subjectiven Ursprungs und der objectiven Anwendung von apriori'schen Formen nachdrücklich vorgebeugt hat. Dadurch ist absoluter Subjectivismus und absolute Identität in Kant's Sinne für alle Erkenntniss verworfen. Letztere ist ein Verbinden, kein Uebereinstimmen von Denken und Sein. Wohl aber ist die Einheit im Grunde, im Quell alles endlichen Denkens und endlichen Seins eine stillschweigende Voraussetzung auch der theoretischen Philosophie Kant's.

Identitäts-Philosophie und absoluter Subjectivismus, wie bei Fichte, Hegel, Schelling, sind demnach nur mögliche, nicht nothwendige Consequenzen der Kant'schen Ansichten, ja aus dem Ganzen seiner Philosophie heraus auch nicht einmal möglich. — Somit ist die Frage ad E in Kant's Sinne ohne Umschweif zu bejahen.

Kant lehrt also einen „Monismus" im „Grunde" bei einem „Dualismus" in der „Erscheinung". Er leugnet die Erkenntniss des schlechthin Absoluten, nicht letzteres selbst, und hält fest die Erkenntniss des endlichen Denkens und Seins als eines Relativen, ohne dass die Erkenntniss selbst der Form nach relativ ist. Kant leugnet nicht die Materie, betont aber das formale Uebergewicht des Geistes, als des Schöpfers des Allgemeinen, und setzt ihn als das für uns Primäre, während er im Grunde die Harmonie von Geist und Materie durchblicken lässt.

Vergegenwärtigen wir uns das Ergebniss dieser Kritik hinsichtlich der vier Seiten des Apriori, so ist der ideale und antidogmatische Erweis desselben geglückt, der kritische und transscendentale nur zum Theil. Diese Mängel hatten darin ihre Ursache, dass schon bei Bestimmung des Wesens das Apriori wohl dessen Gegensatz zur Erfahrung, nicht aber sein Zusammenhang mit derselben und seine Entdeckung durch dieselbe erkannt war.

Bleibend ist somit vom Apriori:
1) hinsichtlich des Wesens dies, dass es etwas Schöpferisches, nicht Sinnliches ist;
2) hinsichtlich der idealen Seite, dass unser Geist ein solches in den Elementen der Erkenntniss enthält;
3) hinsichtlich der transscendentalen Seite, dass es reale Bedeutung als unerlässlich für alle nothwendige Erfahrungserkenntniss hat;
4) hinsichtlich der kritischen, dass es keine objectiv-positive apriori'sche Erkenntniss jenseits der Erfahrung giebt, sondern höchstens subjective Analogie derselben;
5) hinsichtlich der antidogmatischen, dass das Apriori'sche schon als Element theoretischer Erkenntniss stets durch blos subjective Formen bedingt ist und dieselbe daher nur zur Erscheinung oder Analogie der letzteren macht.

Entsprechende Mängel finden sich nur ad 1), 2), 3) und 4):
a, dass Kant der Zusammenhang mit der Erfahrung entgangen ist,
b, dass Kant die a priori'schen Elemente hinsichtlich der Anschauung nicht vollständig aufgesucht hat,
c, dass, obgleich die reale Bedeutung des Apriori nur in formaler Beziehung dargethan ist, Kant dennoch ausschliesslich, d. h. auch dem Inhalte nach auf demselben die nothwendige Erkenntniss der Erfahrung begründen will und alle empirische Methode anstatt der blos empirischen von der strengen Form der Wissenschaft ausschliesst,
d, dass die apriori'sche Erkenntniss jenseits der Erfahrung, nicht blos objectiv, sondern auch subjectiv und zwar sowohl formal als ideal verschlossen ist. —

II.
Ueber den bleibenden Grundgedanken in Kant's ethischem Systeme.

Ein System der Ethik hat Kant nirgend gegeben, denn er hat sie nie zusammenhängend dargestellt, wohl aber hat er einzeln ihre sämmtlichen Theile behandelt. Es erstrecken sich darauf drei Schriften: 1. „die Grundlegung zur Metaphysik der Sitten", 2. „die Kritik der practischen Vernunft", 3. „die Metaphysik der Sitten".

Da wir im Folgenden nur den bleibenden Gewinn der Ethik Kant's bestimmen wollen, dieser aber wesentlich die principielle Grundlage derselben angeht, so werden wir fast ausschliesslich auf die Schrift eingehen müssen, in welcher das Princip der Kant'schen Ethik erörtert wird. Das geschieht in der „Kritik der practischen Vernunft", Werke Bd. 4, S. 94—290. Nächstdem werden wir besonders auf die „Grundlegung zur Metaphysik der Sitten" ebd. S. 1—94, welche das Verständniss der Kritik vorbereitet, Rücksicht nehmen müssen. Die „Metaphysik der Sitten" Werke Bd. 5, S. 1—335, wird aber nur so weit hier zu berühren sein, als die besonderen Theile der Ethik sowohl in ihrer Stellung zum Ganzen dieser Wissenschaft als in ihrem Inhalte unmittelbar von der Art des Princips abhängig sind. — Dies Princip ist aber der kategorische Imperativ, dessen Darstellung und Entwickelung uns somit zunächst obliegt. Nun ist aber die Begründung desselben nicht verständlich ohne Einsicht in den Zweck der Kritik der pr. Vn. für die Ethik. Wir müssen daher kurz auch noch diesen berücksichtigen.

1. Kapitel.
Darstellung des kategorischen Imperativ's, als der Grundlage der Kant'schen Ethik.

1. Abschnitt.
Verhältniss der Kritik der pr. Vn. zur Ethik.

I. Begriff und Eintheilung der Ethik.

Zunächst ist hier der Begriff und die Eintheilung der Ethik von Wichtigkeit. Jenen giebt Kant im Allgemeinen an in der Vor rede zur „Grundlegung zur Metaph. d. S." a. a. O. S. 3: „Alle Vernunft-Erkenntniss", heisst es daselbst, „ist entweder material und betrachtet irgend ein Object; oder formal und beschäftigt sich blos mit der Form der Verstandes." . . . . . „die formale Philosophie heisst Logik, die materiale aber, welche es mit bestimmten Gegenständen und den Gesetzen zu thun hat, denen sie unterworfen sind, ist wiederum zwiefach. Denn diese Gesetze sind entweder Gesetze der Natur, oder der Freiheit. Die Wissenschaft von der ersten heisst Physik, die der anderen ist Ethik; jene wird auch Naturlehre, diese Sittenlehre genannt."

„Ethik" oder „Sittenlehre" ist also nach dieser Stelle Wissenschaft von den Gesetzen der Freiheit.

Die Eintheilung der Ethik in diesem weiteren Sinne wird alsdann ebenda bestimmt durch die Eintheilung der ganzen Philosophie von einem andern Gesichtspunkte aus, nach welchem sie in reine und empirische Philosophie zerfällt. Jene sei die „so lediglich aus Principien a priori ihre Lehren vorträgt." „Die letztere, wenn sie blos formal ist, heisst Logik; ist sie aber auf bestimmte Gegenstände des Verstandes eingeschränkt, so heisst sie Metaphysik." — Die Logik könne keinen empirischen Theil haben, wohl aber die Physik und Ethik, die Kant auch als „natürliche" und „sittliche Weltweisheit" bezüglich bezeichnet, „weil jene der Natur als einem Gegenstand der Erfahrung, diese aber dem Willen des Menschen, sofern er durch die Natur afficirt wird, ihre Gesetze bestimmen muss, die ersteren zwar als Gesetze, nach denen Alles geschieht, die zweiten als solche, nach denen Alles geschehen soll, aber doch auch mit Erwägung der Bedingungen, unter denen es öfter nicht geschieht."

„Auf solche Weise", sagt Kant dann bald darauf weiter, „entspringt die Idee einer zwiefachen Metaphysik, einer Metaphysik der Natur und einer Metaphysik der Sitten. Die Physik wird also ihren empirischen Theil haben; die Ethik gleichfalls; wiewohl hier der empirische Theil besonders practische Anthropologie, der rationale aber eigentlich Moral heissen könnte."

II. Aufgabe der Kritik d. pr. Vn.

Wenn nun dies der Begriff und die Eintheilung der Ethik ist, liegt in der Behandlung der letzteren oder wenigstens in der ihres reinen Theiles, d. i. der Metaphysik der Sitten, ein gleiches Bedenken wie in der der Methaphysik überhaupt. Durch letzteres Bedenken war die Kr. d. r. Vernunft hervorgerufen. Denn diese sollte die Frage lösen, wie eine apriori'sche Synthesis möglich. Die Antwort lautete: Nur dadurch, dass wir objective Erkenntniss 1) auf Erfahrung einschränken, 2) auf Erscheinungen, so dass sie 3) nur von formaler Art ist, denn ein Apriori'sches als objectiver Gegenstand der Erfahrung ist unmöglich. Die Metaphysik der Sitten ist aber ihrer entwickelten Absicht nach Wissenschaft von apriori'schen Objecten, widerspricht also geradezu dem Ergebnisse der Kr. d. r. Vn. Wie dennoch Methaphysik der Sitten möglich sei, dies soll daher die Kr. d. pr. Vn. darthun.

III. Vorläufige Bestimmung der Möglichkeit einer Metaphysik der Sitten.

Hier ist nämlich ein Unterschied zwischen theoretischer und practischer Vernunft wichtig. Nur in Rücksicht jener, d. i. auf sich selbst, hatte die Kr. d. r. Vn. als die des Erkenntnissvermögens ihre Erkenntnissmittel betrachtet. Daher kam es, da die theoretische Vernunft auf unser eigenes Innere geht, dass sie nicht die Gegenstände selbst, sondern nur ein Bild derselben giebt. Denn alle theoretische Erkenntniss geht auf die Gegenstände, insofern sie gegeben werden, nicht wie die practische auf ihr Dasein, inwiefern dieselben von uns erzeugt werden. Sagt doch Kant in der Abhandlung „Ueber Philosophie überhaupt," Werke Bd. I. S. 143: „es ist immer ein grosser Unterschied zwischen Vorstellungen, sofern sie, blos auf's Object und die Einheit derselben bezogen, zum Erkenntniss gehören, ingleichen zwischen derjenigen objectiven Beziehung, da sie, zugleich als Ursache der Wirklichkeit dieses Objects betrachtet, zum Begehrungsvermögen gezählt werden." . . . . Im theoretischen Erkennen wird also nur Gegebenes vorausgesetzt, im practischen Begehren nur zum Theil solches, zum anderen Theil bringen wir es hervor. Dort ist blosse Beziehung und formales Thun, hier ein inhaltliches Gestalten und Erzeugen eines Objects. Jenes ist überwiegend passiv und ein Aufnehmen von Anderem; dieses activ und ein Handeln auf Anderes. Demgemäss sagt auch Kant in der Kr. d. r. Vn. a. a. O. S. 59: „Auf welche Art und durch welche Mittel sich auch immer eine Erkenntniss auf Gegenstände beziehen mag, so ist doch diejenige, wodurch sie sich auf dieselbe unmittelbar bezieht, und worauf alles Denken als Mittel abzweckt, die Anschauung. Diese aber findet nur Statt, sofern uns der Gegenstand gegeben wird, . . ." und behauptet in der Kr. d. pr. Vn. S. 148, dass „die Gesetze, nach welcher das Dasein der Dinge vom Erkenntniss abhängt, practisch sind . . ."

Gegeben aber konnten wenigstens die objectiven und nothwendigen Erkenntniss-Gegenstände nur durch sinnliche Anschauung werden, und also inhaltlich nur endlich bedingt, wenn auch nach allgemeinen Formen bestimmt sein. Da die practische Vernunft aber, wie in Kant's angeführten Stellen behauptet wird, zum Theil selbst die Gegenstände erzeugt, so enthält sie selbst Objecte und können, falls jene apriori'sch ist, auch diese es sein. Dann würde also auch vielleicht Erkenntniss von Gegenständen a priori oder doch von unmittelbar realen apriori'schen Formen und von den durch diese unmittelbar real apriori'sch bestimmten Gegenständen — nicht blos von unmittelbarer Beziehung auf Objecte — möglich sein und also auch eine Metaphysik der Sitten. — Auf den Erweis der Möglichkeit der letzteren richtet sich nun die Kr. d. pr. Vn., die Kant demgemäss in oben erwähntem Vorwort zur „Grundlegung der Metaphysik der Sitten" mit Recht als die „eigentliche Grundlage der Metaphysik der Sitten" bezeichnet und und deren Princip wir nunmehr darzustellen haben.

2. Abschnitt.
Entwickelung des kategorischen Imperativs nach der Kr. d. pr. Vn.

A. Die Voraussetzungen desselben nach der Einleitung zur Kr. d. pr. Vn.

I. Unterschied des theoretischen und practischen Gebrauchs der Vernunft.

In der Einleitung zur Kr. d. pr. Vn. redet Kant zunächst vom Unterschied des theoretischen und practischen Vernunftgebrauchs. S. 110 heisst es: „der theoretische Gebrauch der Vernunft beschäftigte sich mit Gegenständen des blossen Erkenntnissvermögens, und eine Kritik derselben, in Absicht auf diesen Gebrauch, betraf eigentlich nur das reine Erkenntnissvermögen, weil dieses Verdacht erregte, der sich auch hernach bestätigte, dass es sich leichtlich über seine Grenzen unter unerreichbare Gegenstände, oder gar einander widerstreitende Begriffe verlöre. Mit dem practischen Gebrauche der Vernunft verhält es sich schon anders. In diesem beschäftigt sich die Vernunft mit Bestimmungsgründen des Willens, welcher ein Vermögen ist, den Vorstellungen entsprechende Gegenstände entweder hervorzubringen oder doch sich selbst zur Bewirkung derselben (das physische Vermögen mag nun hinreichend sein oder nicht), d. i. seine Causalität zu bestimmen. Denn da kann wenigstens die Vernunft zur Willensbestimmung zulangen, und hat sofern immer objective Realität, als es nur auf das Wollen ankommt . . . . [Es] tritt hier ein durch die Kritik der reinen Vernunft gerechtfertigter, obzwar keiner empirischen Darstellung fähiger Begriff der Causalität, nämlich der der Freiheit ein . . . ." Dieser Unterschied wird also von Kant auch hier in dem oben 1. Abschn. III S. 60 angeführten Sinne begründet, und in Sonderheit wird der Begriff der Causalität durch Freiheit in der practischen Vernunft behauptet. Dass für letzteren schon in der theoretischen Vernunft die Möglichkeit offen gehalten ist, beweisen besonders folgende Stellen der Kr. d. r. Vn. 1) S. 327 fgg. die „Allgemeine Anmerkung: den Uebergang von der rationalen Psychologie zur Kosmologie betreffend." 2) S. 423—34: „Erläuterung der kosmologischen Idee einer Freiheit in Verbindung mit der allgemeinen Naturnothwendigkeit". In der letzteren Stelle zeigt Kant nicht nur, dass eine intelligible und eine sensible Welt existire, sondern auch, dass dasselbe Ding zum Theil dieser, zum Theil jener angehören könne. Dies ist ungemein wichtig und rechtfertigt nochmals unsere im ersten Beitrage ausgeführten Behauptungen. Denn ist jenes der Fall, dann können die Dinge an sich auch Erscheinungen sein und diese auch jene und es ist also keine Inconsequenz, dass das Ding an sich „wirken" kann. Daher hat Fr. H. Jacobi durchaus nicht Kant's Kriticismus gestürzt, wie Ueberweg a. a. O. Th. III. S. 207 urtheilt. Er sagt dort: „(es) vermochte Jacobi die Kantische Begründung der Schranken der theoretischen Erkenntniss nicht zu billigen. Er hat das Dilemma klar bezeichnet, welches für den Kantischen Kriticismus tödtlich (?) ist: die Affection, durch welche wir den empirisch gegebenen Wahrnehmungsstoff empfangen, muss entweder von Erscheinungen oder von Dingen an sich ausgehen; das Erste aber ist absurd, weil Erscheinungen im Kantischen Sinne selbst nur (??) Vorstellungen sind, also vor allen Vorstellungen bereits Vorstellungen vorhanden sein müssten, das andere . . . . widerstreitet der kritischen Doctrin, dass das Verhältniss von Ursache und Wirkung nur innerhalb der Erscheinungswelt gelte und keine Beziehung auf Dinge an sich habe". Denn das von Jacobi aufgestellte Dilemma war nur in dem angegebenen Sinne verhängnissvoll, wenn Kant's Erscheinungen wirklich nur Vorstellungen wären; sie sind aber letzteres nur in formaler Hinsicht. Ausserdem sind weder die Erscheinungen blos solche noch die Dinge an sich lediglich dies oder gar mit Cohen a. a. O. Abschn. XIV gänzlich zu leugnen.

Hieraus folgt zugleich, dass wir auch dem Dinge an sich, falls wir sonst unmittelbare Veranlassung zu solchem Urtheile und Spuren solcher Wirksamkeit haben, Freiheit zuschreiben können, ohne doch jenes Ding erkennen zu können, weil alsdann nach Formen, die subjectiven Ursprungs sind, hinzutreten müssen. Doch dies nebenbei.

Zur Sache selbst führe ich aus obigen Stellen nur folgende Worte an: 1) heisst es S. 420 in der Kr. d. r. Vn.: „Ich nenne dasjenige an einem Gegenstande der Sinne, was selbst nicht Erscheinung ist, intelligibel. Wenn demnach dasjenige, was in der Sinnenwelt als Erscheinung angesehen werden muss, an sich selbst auch ein Vermögen hat, welches kein Gegenstand der sinnlichen Anschauung ist, wodurch es aber doch die Ursache von Erscheinungen sein kann, so kann man die Causalität dieses Wesens auf zwei Seiten betrachten, als intelligibel nach ihrer Handlung, als eines Dinges an sich selbst, und als sensibel nach den Wirkungen derselben, als einer Erscheinung aus der Sinnenwelt". 2) ebd. S. 422: „Nach seinem empirischen Charakter würde also dieses Subject als Erscheinung, allen Gesetzen der Bestimmung nach, der Causalverbindung unterworfen sein, und es wäre so fern nichts als ein Theil der Sinnenwelt, dessen Wirkungen sowie jede andere Erscheinung aus der Natur unausbleiblich abflössen" — und: „Nach dem intelligiblen Charakter desselben aber (ob wir zwar davon nichts, als blos den allgemeinen Begriff desselben haben können), würde dasselbe Subject dennoch von allem Einflusse der Sinnlichkeit und Bestimmung durch Erscheinungen freigesprochen werden müssen, und da in ihm, so fern es Noumenon ist, nichts geschieht, keine Veränderung, welche dynamische Zeitbestimmung erheischt, mithin keine Verknüpfung mit Erscheinungen als Ursachen angetroffen wird, so würde dieses thätige Wesen so fern in seinen Handlungen von aller Naturnothwendigkeit, als die lediglich in der Sinnlichkeit angetroffen wird, unabhängig und frei sein." Daher folgert Kant S. 423: „So würde denn Freiheit und Natur, jedes in seiner vollständigen Bedeutung bei eben denselben Handlungen, nachdem man sie mit ihrer intelligiblen oder sensiblen Ursache vergleicht, zugleich und ohne allen Widerstreit angetroffen werden." S. 433 erinnert Kant aber noch ausdrücklich, dass er in der Kr. d. r. Vu. nicht positiv die Möglichkeit der Freiheit erwiesen habe, sondern nur dies: „dass Natur der Causalität aus Freiheit wenigstens nicht widerstreite".

Hiernach wird Kant's Ausdruck „Causalität durch Freiheit" wenigstens begreiflich. Denn er widerstreitet, nur für die Dinge an sich und die intelligible Welt überhaupt in Anspruch genommen, der unbedingten Causalität in der Natur nicht, da er nicht von dem empirischen Dasein und nicht von der Erscheinung gelten soll oder wenigstens nicht, insofern etwas empirisch und Erscheinung ist. Mit Recht sagt also Kant in der Einleitung zur Kr. d. pr. Vn. S. 110—11: „Nun tritt hier ein durch die Kr. d. r. Vn. gerechtfertigter, ob zwar keiner empirischen Darstellung fähiger Begriff der Causalität, nämlich der der Freiheit ein, und wenn wir anjetzt Gründe ausfindig machen können, zu beweisen, dass diese Eigenschaft dem menschlichen Willen (und so auch dem Willen aller vernünftigen Wesen) in der That zukomme, so wird dadurch nicht allein dargethan, dass reine Vernunft practisch sein könne, sondern dass sie allein und nicht die empirisch-beschränkte, unbedingter Weise practisch sei". Ist aber erwiesen, dass die reine Vernunft unbedingt practisch sein kann, so kann sie es auch in Rücksicht des empirischen Theils sein, und es ist also eine Trennung der Kritik der reinen practischen Vernunft von der empirischen nicht nöthig, sondern es ist dieselbe eine Kritik der practischen Vernunft überhaupt.

II. Eintheilung der Kritik der pr. Vn.

Die Eintheilung der letzteren soll der der r. Vn. gemäss sein. Dieselbe muss daher zunächst in Elementar- und Methodenlehre und erstere wieder in Analytik und Dialectik zerfallen. Weil aber die Vernunft hier nicht im Verhältniss zu Gegenständen, sondern zum Willen und dessen Causalität betrachtet werde, so muss nach Kant hier die Analytik mit Grundsätzen und nicht mit Begriffen, wie in der r. Vn., anfangen.

B. Entwickelung des kategorischen Imperativ's selbst nach der Analytik der Kr. d. pr. Vn.

Die Entwickelung des kategorischen Imperativ's selbst ist aus folgenden Hauptsätzen Kant's ersichtlich (siehe Kr. d. pr. Vn. a. u. O. S. 116—145):

„1. §. 1. Erklärung: Practische Grundsätze sind Sätze, welche eine allgemeine Bestimmung des Willens enthalten, die mehrere practische Regeln unter sich hat. Sie sind subjectiv, oder Maximen, wenn die Bedingung nur als für den Willen des Subjects gültig von ihm angesehen wird, objectiv aber, oder practische Gesetze, wenn jene als objectiv, d. i. für den Willen jedes vernünftigen Wesens gültig anerkannt wird".

2. §. 2. Lehrsatz I: „Alle practische Principien, die ein Object (Materie) des Begehrungsvermögens, als Bestimmungsgrund des Willens, voraussetzen, sind insgesammt empirisch und können keine practischen Gesetze abgeben".

Den Beweis setze ich nicht her, da er bei der Kritik vollständig zu besprechen ist. Sein Kern liegt in der Annahme, dass jedes Object, das unser Wille haben könne, ein äusserliches und sinnliches sein müsse. Ist dieser Beweis richtig, dann sind die folgenden Lehrsätze auch richtig, denn sie sind strenge Consequenzen, einzelne derselben sind sogar in der That unbedingt, d. h. auch ohne diesen Zusammenhang richtig, so in:

3. „§. 3. Lehrsatz II: Alle materiale practische Principien sind, als solche, insgesammt von einer und derselben Art, und gehören unter das allgemeine Princip der Selbstliebe oder eigenen Glückseligkeit. — Es folgt im

4. §. 4. Lehrsatz III: Wenn ein vernünftiges Wesen sich seine Maximen als practische allgemeine Gesetze denken soll, so kann es sich dieselben nur als solche Principien denken, die nicht der Materie, sondern blos der Form nach den Bestimmungsgrund des Willens enthalten".

5. Somit stellt Kant im „§. 5 [die] Aufgabe I: Vorausgesetzt, dass die blosse gesetzgebende Form der Maximen allein der zureichende Bestimmungsgrund eines Willens sei, die Beschaffenheit desjenigen Willens zu finden, der dadurch allein bestimmbar ist".

6. Die Auflösung geschieht in dieser Weise: Da die blosse Form nur Gegenstand der Vernunft sei und nicht unter die Erscheinungen gehöre, so sei die Vorstellung von allen Bestimmungsgründen der Begebenheiten in der Natur unterschieden, und da der Wille auch keine andern Bestimmungsgründe haben könne, „so muss", sagt Kant, „ein solcher Wille als gänzlich unabhängig von dem Naturgesetz der Erscheinungen, nämlich dem Gesetze der Causalität, beziehungsweise auf einander gedacht werden. Eine solche Unabhängigkeit aber heisst Freiheit im strengsten, d. i. transscendentalen Verstande. Also ist ein Wille, dem die blosse gesetzgebende Form der Maxime allein zum Gesetze dienen kann, ein freier Wille". — Im

7. §. 6 löst Kant die „Aufgabe II. Vorausgesetzt, dass ein Wille frei sei: das Gesetz zu finden, welches ihn allein nothwendig zu bestimmen tauglich ist", so: „Da die Materie des practischen Gesetzes, d. i. ein Object der Maxime niemals anders als empirisch gegeben werden kann, der freie Wille aber, als von empirischen

(d. i. zur Sinnenwelt gehörigen) Bedingungen unabhängig, dennoch bestimmbar sein muss; so muss ein freier Wille unabhängig von der Materie des Gesetzes dennoch einen Bestimmungsgrund in dem Gesetze antreffen. Es ist aber ausser der Materie des Gesetzes nichts weiter in demselben als die gesetzgebende Form enthalten. Also ist die gesetzgebende Form, sofern sie in der Materie enthalten ist, das Einzige, was einen Bestimmungsgrund des Willens ausmachen kann".

8. Der §. 7 enthält dann gemäss §. 4 das „Grundgesetz der reinen practischen Vernunft".

„Handle so, dass die Maxime deines Willens jederzeit zugleich als Princip einer allgemeinen Gesetzgebung gelten könne".

9. Aus der Anmerkung zu §. 6 ist zu merken, was unmittelbar aus dem Vorangehenden folgt: „Freiheit und unbedingtes practisches Gesetz weisen wechselweise auf einander zurück." Kant fragt dann, wovon unsere Erkenntniss des Unbedingt-Practischen anhebe, ob von der Freiheit oder dem practischen Gesetze. Von jener könne sie nicht anheben, da ihr erster Begriff negativ sei; aus der Erfahrung aber, die nur Natur-Mechanismus enthalte, auf sie zu schliessen sei unmöglich. „Also ist es das moralische Gesetz, dessen wir uns unmittelbar bewusst werden (sobald wir uns Maximen des Willens entwerfen), welches sich uns zuerst darbietet und, indem die Vernunft jenes als einen durch keine sinnliche Bedingung zu überwiegenden, ja davon gänzlich unabhängigen Bestimmungsgrund darstellt, gerade auf den Begriff der Freiheit führt." „Wir können uns" aber „reiner practischer Gesetze bewusst werden, ebenso, wie wir uns reiner theoretischer Grundsätze bewusst sind, indem wir auf die Nothwendigkeit, womit sie uns die Vernunft vorschreibt, und auf Absonderung aller empirischer Bedingungen, dazu uns jene hinweist, Acht haben."

10. Aus der „Anmerkung" zu §. 7 hebe ich dies hervor: „Hier . . . sagt die Regel: man solle schlechthin auf gewisse Weise verfahren. Die practische Regel ist also unbedingt, mithin, als kategorisch practischer Satz, a priori vorgestellt, wodurch der Wille schlechterdings und unmittelbar (durch die practische Regel selbst, die also hier Gesetz ist) objectiv bestimmt wird. Denn reine, an sich practische Vernunft ist hier unmittelbar gesetzgebend." — und: „Man kann das Bewusstsein dieses Grundgesetzes ein Factum der Vernunft nennen, weil man es nicht aus vorhergehenden Datis der Vernunft, z. B. dem Bewusstsein der Freiheit (denn dieses ist uns nicht vorher gegeben) herausvernünfteln kann, sondern weil es sich

für sich selbst uns aufdrängt als synthetischer Satz a priori, der auf keiner weder reinen noch empirischen Anschauung gegründet ist, ob er gleich analysirt sein würde, wenn man die Freiheit des Willens voraussetzte, wozu aber, als positivem Begriffe, eine intellectuelle Anschauung erfordert werden würde, die man hier gar nicht an-. nehmen darf. Doch muss man, um dieses Gesetz ohne Missdeutung als gegeben anzusehen, wohl bemerken: dass es kein empirisches, sondern das einzige Factum der reinen Vernunft sei, die sich dadurch als ursprünglich gesetzgebend (sic volo, sic jubeo) ankündigt."
Unmittelbar hieran schliesst Kant die „Folgerung. Reine Vernunft ist für sich allein practisch, und giebt (dem Menschen) ein allgemeines Gesetz, welches wir das Sittengesetz nennen."

11. Kant weist in einer Anmerkung darauf hin, dass dies Factum als unleugbar sich auch aus einer Zergliederung des Urtheils der Menschen über die Gesetzmässigkeit der Handlungen ergebe. Diese Zergliederung hat Kant selbst uns in der „Grundl. z. Metaph. der Sitten" vor Augen gestellt. — Sonst ist aus dieser Anmerkung wichtig, dass Kant dies Princip nicht nur auf Menschen, sondern auf alle endliche Wesen ausgedehnt wissen will, ja es schliesst sogar das unendliche Wesen als oberste Intelligenz mit ein." „Im ersteren Falle aber," heisst es S. 132 unten, „hat das Gesetz die Form eines Imperativs, weil man an jenem zwar, als vernünftigem Wesen, einen reinen, aber, als mit Bedürfnissen und sinnlichen Bewegursachen afficirten Wesen. keinen heiligen Willen, d. h. einen solchen, der keiner dem moralischen Gesetze widerstreitenden Maximen fähig wäre, voraussetzen kann." Daher sei das Verhältniss des Willens zum moralischen Gesetze bei jenen Auhängigkeit als Verbindlichkeit, die eine Nöthigung, „obzwar durch blosse Vernunft und deren objectives Gesetz zu einer Handlung bedeute, die darum Pflicht heisst, weil eine pathologisch afficirte Willkür einen subjectiven Wunsch, der dem objectiven entgegengesetzt sein kann, bei sich führt, und also eines Widerstandes der practischen Vernunft als moralischer Nöthigung bedürfe." Hingegen sagt er von Gott: In der allergenügsamsten Intelligenz wird die Willkür als keiner Maxime fähig, die nicht zugleich objectiv Gesetz sein könnte, mit Recht vorgestellt, und der Begriff der Heiligkeit, der ihr um deswillen zukommt, setzt sie zwar nicht über alle practische, aber doch über alle practisch-einschränkende Gesetze, mithin Verbindlichkeit und Pflicht weg."

12. Im § 8, Lehrsatz IV behauptet Kant: „Die Autonomie des Willens ist das alleinige Princip aller moralischen Gesetze und der ihnen gemässen Pflichten" : . . denn „In der Unabhängigkeit . . von aller Materie des Gesetzes (nämlich einem begehrten Objecte) und zugleich doch Bestimmung der Willkür durch die blosse allgemein gesetzgebende Form, deren eine Maxime fähig sein muss, besteht das alleinige Princip der Sittlichkeit. Jene Unabhängigkeit aber ist Freiheit im negativen, diese eigene Gesetzgebung aber der reinen, und als solche practischen Vernunft, ist Freiheit im positiven Verstande. Also drückt das moralische Gesetz nichts anderes aus, als die Autonomie der reinen practischen Vernunft, d. i. der Freiheit, und diese ist selbst die formale Bedingung aller Maximen, unter der sie allein mit dem obersten practischen Gesetze zusammenstimmen können". „Anmerkung I" ' erläutert dies noch dahin, dass alles Wollen zwar eine Materie haben müsse, nur nicht als Bestimmungsgrund. „Anmerkung II" stellt dies Princip im Gegensatze zu dem der Glückseligkeit dar, und zeigt, wie alle früheren Principien ungenügend gewesen seien. Denn sie hatten stets materiale Bestimmungsgründe enthalten. Der Beweis wird ermöglicht durch den Satz (S. 144): „(dass) ein Zweck aber, als Object, welches vor der Willensbestimmung durch eine practische Regel vorhergehen und den Grund der Möglichkeit einer solchen enthalten muss, mithin die Materie des Willens, als Bestimmungsgrund desselben, genommen, jederzeit empirisch ist, mithin zum epikurischen Princip der Glückseligkeitslehre, niemals aber zum reinen Vernunftprincip der Sittenlehre und der Pflicht dienen kann.

III. Abschnitt.
Ueber die Folgen, welche die Bedeutung des kategorischen Imperativs für das Verhältniss der theoretischen zur practischen Vernunft hat.

Die Folgen dieser Entwickelung und Erläuterung des kategorischen Imperativs für das Verhältniss der practischen Vernunft zur theoretischen stellt Kant in zwei Beigaben zur „Analytik der Grundsätze" dar. Und zwar handelt er:

„I. Von der Deduction der Grundsätze der pr. Vernunft."

Diese Deduction soll der r. Vn. entsprechen, also das durch Analyse gewonnene subjective Factum als eines von objectiver Bedeutung der Erkenntniss darthun.

Nun zeigte jedoch hier die Analytik, dass reine Vernunft practisch sein, d. i. für sich, unabhängig von allem Empirischen, den Willen bestimmen könne. So ist also dieser seinem Wesen nach ein zugleich objectives Vermögen. Es habe aber r. Vn. den Willen durch ein Factum bestimmt, worin sie sich practisch beweise, nämlich die Autonomie im Grundsatz der Sittlichkeit, welche unzertrennlich von der Freiheit des Willens sei, wodurch der Wille eines reinen Wesens seines „in einer intelligiblen Ordnung der Dinge bestimmbaren Daseins sich bewusst ist . . . ", „denn das Freiheit, wenn sie uns beigelegt wird, uns in eine intelligible Ordnung der Dinge versetze, ist anderswo hinreichend bewiesen worden." (Vgl. oben S. 63 die aus Kant angeführten Stellen). Also hebt Kant den Contrast zwischen der Analytik der r. und pr. Vernunft im Folgenden diesen Ausführungen gemäss hervor.

Dort habe es nur sinnliche Anschauungen und daher keine synthetischen Sätze aus blossen Begriffen gegeben, deshalb auch keine objectiv-positive Erkenntniss jenseits der Erfahrung von Dingen als Noumenen. Nur die Möglichkeit, ja Nothwendigkeit dieses Begriffs sicherte die speculative Vernunft und rettete z. B. die Freiheit, negativ betrachtet.

Das moralische Gesetz aber, behauptet Kant, gebe ein aus allen Datis der Sinnenwelt unerklärliches objectives Factum an die Hand, „das auf eine reine Verstandeswelt Anzeige giebt, ja diese sogar positiv bestimmt und uns etwas von ihr, nämlich ein Gesetz, erkennen lässt."

„Dies Gesetz soll der Sinnenwelt, als einer sinnlichen Natur (was die vernünftigen Wesen betrifft) die Form einer Verstandeswelt, d. i. einer übersinnlichen Natur verschaffen. Die übersinnliche Natur ist . . . . Existenz nach Gesetzen, die von aller empirischen Bedingung unabhängig sind, mithin zur Autonomie der reinen Vernunft gehören. Und da die Gesetze, nach welchen das Dasein der Dinge von Erkenntniss abhängt, practisch sind, so ist die übersinnliche Natur . . . eine Natur unter der Autonomie der reinen practischen Vernunft." Daher heisst es S. 149: „Die zwei Aufgaben also: wie reine Vernunft einerseits a priori Objecte erkennen und wie sie andrerseits unmittelbar ein Bestimmungsgrund des Willens, d. i. der Causalität des vernünftigen Wesens in Ansehung der Wirklichkeit der Objecte (blos durch den Gedanken der Allgemeingültigkeit ihrer eigenen Maximen als Gesetzen) sein könne, sind sehr verschieden."
Nachdem Kant dies noch erläutert hat, beendet er die Begründung,

dass die Analytik der pr. Vernunft vom practischen Gesetze und nicht von Begriffen anfange.

Wir haben somit in der That einen der oben angegebenen Fälle, dass uns, wenn auch nicht ein apriori'sches Object, so doch ein reales formal-apriori'sches Moment im Grundgesetz des Sittlichen gegeben ist.

Dieser Unterschied in der Analytik der beiden Kritiken begründet nach Kant nun aber auch ein anderes Verhältniss der Deduction; ja im Sinne der r. Vn. sei solche hier sowohl unmöglich als auch überflüssig. Wie die Freiheit möglich sei, lasse sich nämlich nicht weiter erklären, nur die Zulässigkeit des moralischen Gesetzes in der theoretischen Kritik (wie oben gezeigt). „Denn es betrifft nicht das Erkenntniss von der Beschaffenheit der Gegenstände, die der Vernunft irgend wodurch anderwärts gegeben sein mögen, sondern ein Erkenntniss, sofern es der Grund von der Existenz der Gegenstände selbst werden kann und die Vernunft durch dasselbe Causalität in einem vernünftigen Wesen hat, d. i. reine Vernunft, die als ein unmittelbar den Willen bestimmendes Vermögen angesehen werden kann." „Nun ist aber alle menschliche Einsicht zu Ende," heisst es dann weiter, „sobald wir zu Grundkräften oder Grundvermögen gelangt sind; . . . Also kann die objective Realität des moralischen Gesetzes durch keine Deduction bewiesen werden, und steht dennoch für sich selbst fest."

Darauf folgt nun noch eine höchst wichtige Steigerung. „Etwas Anderes aber", sagt Kant S. 102, „und ganz Widersinniges tritt an die Stelle dieser vergeblich gesuchten Deduction des moralischen Princips, nämlich dass es umgekehrt selbst zum Princip der Deduction eines unerforschlichen Vermögens dient, welches keine' Erfahrung beweisen, die speculative Vernunft aber, (um unter ihren kosmologischen Ideen das Unbedingte seiner Causalität noch zu finden, damit sie sich selbst nicht widerspreche), wenigstens als möglich annehmen musste, nämlich das der Freiheit, von der das moralische Gesetz, welches selbst keiner rechtfertigenden Gründe bedarf, nicht blos die Möglichkeit, sondern die Wirklichkeit an Wesen beweist, die dies Gesetz als für sich verbindend erkennen". „Diese Art von Creditiv des moralischen Gesetzes, da es selbst als ein Princip der Deduction der Freiheit, als eine Causalität der reinen Vernunft, aufgestellt wird, ist, da die theoretische Vernunft wenigstens die Möglichkeit einer Freiheit anzunehmen genöthigt war, zu Ergänzung eines Bedürfnisses derselben, statt aller Rechtfertigung a priori völlig hinreichend". Daraus folgt aber auch, dass es die practische Vernunft sei, die den selbst nach der speculativen möglichen, ja nothwendigen Gedanken der Freiheit realisiren.

Indem nämlich Kant recapitulirt, was die Kritik der reinen Vernunft für diesen Begriff leistete, dass sie die reale Möglichkeit desselben auch nicht einmal für das handelnde Wesen darthun konnte, sondern nur den Platz dafür offen halten, sagt er S. 154: „Diesen leeren Platz füllt nun rein practische Vernunft durch ein bestimmtes Gesetz der Causalität in einer intelligiblen Welt (durch Freiheit) nämlich das moralische Gesetz aus. Hierdurch wächst nun zwar der speculativen Vernunft in Anschung ihrer Einsicht nichts zu, aber doch in Ansehung der Sicherung ihres problematischen Begriffs der Freiheit, welchem hier objective und obgleich nur practische, dennoch unbezweifelte Realität verschafft wird".

Endlich warnt Kant andrerseits davor, zu glauben, dass hierdurch etwa der theoretische Begriff der Causalität über die Grenzen der Kr. d. r. Vn. ausgedehnt werde. Es handele sich hier ja nicht um ein übersinnliches Object der Causalität, um keine causa noumenon, sondern nur um den Bestimmungsgrund der Causalität des Menschen in der reinen Vernunft nur in practischer Absicht, also nur um den Bestimmungsgrund des Wollens und um die Erforderniss, ihn in die intelligible Ordnung der Dinge zu versetzen. Zugleich gestehe die reine Vernunft gerne „das, was der Begriff der Ursache zur Erkenntniss dieser Dinge für eine Bestimmung haben möge, gar nicht zu verstehen". — —

Es folgt die Beigabe

„II. Von den Befugnissen der reinen Vernunft im practischen Gebrauche, zu einer Erweiterung, die ihr im speculativen für sich nicht möglich ist".

Diesen Abschnitt möchte ich dem über „Phänomena" und „Noumena" und „Ueber die Amphibolie der Reflexionsbegriffe" in der Kr. d. r. Vn. vergleichen. Denn er zeigt, wie jener Unterschied in der practischen Vernunft reale Bedeutung gewinnt und in welchem Sinne selbst die theoretischen Kategorien der Erscheinungen hier anwendbar seien.

Während also Kant so eben den Unterschied der Analytik und speciell von deren Deduction in der reinen und practischen Vernunft dargethan hatte, begründet er hier den dort schon im Besonderen angedeuteten Unterschied des Gebrauchs der Vernunft in theoretischer und practischer Beziehung im Allgemeinen.

Zunächst setzt Kant seinen Gegensatz zu Hume gemäss der Lehre der Kr. d. r. Vn. auseinander. Derselbe beruhe im Grunde darauf, dass Kant die Gegenstände der Erfahrung nicht als Dinge au sich, sondern als Erscheinungen auffasse. Denn bei Dingen an sich sei nicht einzusehen, wie wenn A gesetzt wird, es widersprechend sein solle B, welches von A ganz verschieden ist, nicht zu setzen, wohl aber, dass sie als Erscheinungen in einer Erfahrung auf gewisse Weise (z. B. in Ansehung der Zeitverhältnisse) nothwendig „verbunden sein müssen, und nicht getrennt werden können, ohne derjenigen Verbindung zu widersprechen, vermittelst deren diese Erfahrung möglich ist, in welcher sie Gegenstände und uns allein erkennbar sind. Und so fand es sich auch in der That, so dass ich den Begriff der Ursache nicht allein nach seiner objectiven Realität in Ansehung der Gegenstände der Erfahrung beweisen, sondern ihn auch als Begriff a priori, wegen der Nothwendigkeit der Verknüpfung, die er bei sich führt, deduciren, d. i. seine Möglichkeit aus reinem Verstande, ohne empirische Quellen . . . darthun konnte."

„Aber", fragt Kant, „wie wird es mit der Anwendung dieser Kategorie der Causalität . . . auf Dinge, die nicht Gegenstände möglicher Erfahrung sind, sondern über diese ihre Grenze hinaus liegen." Kant antwortet, sie sei alsdann in der Beschränkung auf das Practische anwendbar, weil hier der Grund, der den theoretisch-übersinnlichen Gebrauch verhindere, wegfalle. Ja, er habe sogar gezeigt, dass die Kategorien im Sinnlichen nur einen beschränkten, nur formal apriori'schen Gebrauch zum Denken, nicht zur Bestimmung von Objecten hätten. Zu diesen Bestimmungen hätten sie vielmehr noch der Anschauung eines sinnlichen Objects bedurft. Da sie aber ihrem Wesen nach apriori'sch sind, so sei ihr eigentlicher Gebrauch auch für übersinnliche Gegenstände aufbewahrt. Dass es letztere geben könne, ermöglichte schon in der Kr. d. r. Vn. der Unterschied zwischen Phänomena und Noumena.

Jener Hinderungsgrund war aber in der theoretischen Erkenntniss der Mangel einer objectiv apriori'schen Anschauung, also überhaupt der objectiven Bedingung der Anwendung. Diese werden nun aber im Practischen durch die objective Realität im moralischen Gesetze gleichsam factisch gegeben. Dieses enthalte (nach Obigem) schon in sich den Begriff der Causalität durch Freiheit, also Anwendung einer theoretischen Kategorie in übersinnlicher Bedeutung. Daher sagt Kant S. 163: „Diese einmal eingeleitete objective Realität eines reinen Verstandesbegriffes im Felde des Uebersinnlichen giebt nunmehr allen übrigen Kategorien, obgleich immer nur, sofern sie mit dem Bestimmungsgrunde des reinen Willens (dem moralischen Gesetze) in nothwendiger Verbindung stehen, auch objective, nur keine andere, als blos practisch anwendbare Realität, indessen sie auf theoretische Erkenntnisse dieser Gegenstände, als Einsicht der Natur derselben durch reine Vernunft, nicht den mindesten Einfluss hat, um dieselbe zu erweitern." —

In dieser Darstellung ist somit nicht nur die Möglichkeit einer Metaphysik der Sitten nach Kant gegeben, sondern auch das ethische Princip bereits selbst sowie das Verhältniss der theoretischen Philosophie zur practischen im Sinne desselben entwickelt. Es ist demnach unserem Zwecke genügt, so dass wir diese Darstellung hier beenden dürfen. Kant's Beweis der Möglichkeit einer reinen practischen Vernunft ist in der That schon mehr als dies: er ist, wenn er als gelungen gelten muss, zugleich die Entwickelung des ethischen Princips selbst, durch das solche practische Vernunft begründet wird. Ob aber jener Beweis überhaupt gelungen ist oder inwieweit, soll uns nunmehr eine Kritik desselben zeigen.

2. Kapitel.
Kritik von Kant's Princip der Ethik.

Unsere Kritik des kategorischen Imperativ wird sich hauptsächlich auf zwei Punkte richten müssen. Erstlich kommt es darauf an, Kant's ethisches Princip in seiner Selbständigkeit zu prüfen, demnächst das Verhältniss derselben zur theoretischen Philosophie. Bei jener Untersuchung werden wir dem Gange unserer Darstellung desselben folgen, bei dieser den Gesichtspunkten, die uns bei der Kritik der theoretischen Ansicht Kant's leiteten.

I. Abschnitt.
Sachliche Kritik des kategorischen Imperativs.

I. Der Voraussetzungen desselben.
1.

In der eben gegebenen Darstellung nehmen wir sogleich am Begriffe der Ethik (sub I des 1. Abschnitts des 1. Kapitels S. 58—59) Anstoss, oder richtiger an dessen Begründung. Kant sagte dort: „Alle Vernunft-Erkenntniss ist entweder material und betrachtet irgend ein Object oder formal" u. s. w. — Dieses Dilemma Kant's ist willkürlich. Denn „Materie" wird hierbei mit Object gleich gesetzt. Materie ist aber nach Kant selbst nur endliches, nur sinnliches Object. In der Kr. d. r. Vn. definirt Kant diesen Begriff wiederholt, erstlich in der transsc. Aesthetik S. 60: „In der Erscheinung nenne ich das, was der Empfindung correspondirt, Materie." Ebenso ist in der „Amphibolie der Reflexionsbegriffe" Materie „das Bestimmbare überhaupt" und endlich heisst es S. 335 in der Autonomie der r. Vn. 1. Abschn. System der kosmologischen Ideen": „[es] ist die Realität im Raum, d. i. die Materie ein Bedingtes." An allen drei Stellen ist somit Materie sinnliches, endliches Object und nicht Object überhaupt. Letzteres ist nach Kant das Ding an sich. Nun sollen wir letzteres zwar nicht erkennen können, und das Ding an sich würde also kein Erkennungs-Object sein. Aber dies Ergebniss gilt 1) doch nur für die theoretische Erkenntniss und 2) wird dadurch das Object, das nicht in der Endlichkeit liegt, doch nicht überhaupt geleugnet, muss bei einer Eintheilung jedenfalls berücksichtigt werden. Ja Kant selbst hat gerade in der Ethik sich von den Schranken der theoretischen Erkenntniss, wie wir schon aus der Darstellung des kategorischen Imperativ's gesehen haben, in wesentlichen Punkten losgesagt; um so weniger durfte er jenes Dilemma aufstellen. — Wenn wir nun das nicht sinnliche Object als ideales bezeichnen, wie wir es wenigstens im Gegensatz zum sinnlichen thun können, so tritt an Stelle obigen Dilemma's folgendes Trilemma: „Alle Vernunft-Erkenntniss ist entweder material und betrachtet irgend ein sinnliches Object oder ideal und betrachtet irgend ein nicht sinnliches Object oder formal u. s. w."

Welche Folge aber hat diese Abweichung von Kant für den Begriff der Ethik? Zunächst und scheinbar freilich keine; denn Kant erklärte diese für „Wissenschaft von den Gesetzen der Freiheit." Aber wie er dazu kommt, ist nach jenen Voraussetzungen unbegreiflich. Er sagt, „die materiale [Philosophie], welche es mit bestimmten Gegenständen und den Gesetzen zu thun hat, denen sie unterworfen sind, ist wiederum zwiefach. Denn diese Gesetze sind entweder Gesetze der Natur oder der Freiheit." Da aber materiale Gegenstände nach Kant, wie wir gesehen, nur endliche sind, so ist nicht einzusehen, wie sie Gesetzen der Freiheit folgen sollen. Ist doch alle Endlichkeit nach Kant den Naturgesetzen unterworfen. Somit liegt hier eine Inconsequenz vor, die nur darin ihre Erklärung findet, dass Kant den Begriff der Freiheit in der in der Ethik selbst von ihm eigenthümlich bestimmten Weise hier anticipirt hat.

Dann aber hat Freiheit in der That nur formalen Sinn und ist nur bezogen auf endliche Objecte, stimmt also immerhin mit der Eintheilung der Objecte in die der Natur und Freiheit nicht überein. Also ist der Begriff der Ethik bei Kant wohl dem Buchstaben, nicht dem Geiste nach derselbe, den wir herausbringen würden. Denn da unser Trilemma eine Philosophie idealer Gegenstände, die als solche den Naturgesetzen nicht unterworfen sind, gestattet, so ergiebt sich vorläufig wenigstens ein negativer Begriff der Freiheit rücksichtlich der Objecte, und wir können in dieser Beziehung mit Fug und Recht sagen: „Ethik ist Wissenschaft von Objecten oder Gesetzen der Freiheit."

2.

Die Beurtheilung der in unserer Darstellung des kategorischen Imperativ's unter 1) II und III behandelten Punkte gehört in den zweiten Theil dieser Kritik, ebenso die Prüfung dessen, was in dem Abschnitte 1) A und B und 3) dort enthalten ist. Wir kommen somit gleich zur sachlichen

II. Kritik der Grundsätze und Lehrsätze der Kr. d. pr. Vn.

1. Zu §. 1 der Kr. d. pr. Vn.

Den Grundsätzen hatte Kant eine Erklärung vorausgeschickt. Diese darf als solche an sich willkürlich sein und kann erst zur Kritik veranlassen, wenn ihr Inhalt durch die nachfolgenden Gesetze in Frage gestellt wird.

Wichtiger ist hier ihre „Anmerkung". Dieselbe erläutert zwar meist die Erklärung, aber sie enthält noch mehr, als dazu gehört, nämlich die Bestimmung des Verhältnisses der reinen Willens-Erkenntniss zur Objectivität, und darauf müssen wir hier eingehen. Weil Kant hier die objectiven practischen Principien sucht, so wendet er die bei der Kritik der theoretischen Vernunft gefundenen, für die Objectivität geltenden Kriterien des Allgemeinen und Nothwendigen auf das practische Vermögen an und zeigt, dass die practischen Gesetze a priori sein müssen und nicht aus der Erfahrung stammen können. Hiergegen dürfte wohl jetzt Niemand etwas einzuwenden haben . . . . „das blosse Wollen ist das, was völlig . . . . a priori bestimmt werden soll," heisst es S. 117 und es „beziehen sich practische Gesetze," sagt Kant ebenda weiter, „allein auf den Willen, unangesehen dessen, was durch die Causalität desselben ausgerichtet wird, und man kann von der letzteren (als zur Sinnenwelt gehörig) abstrahiren, um sie rein zu haben." Man sieht aber, Kant geht hier noch weiter. Er will bei dem reinen Willen nicht blos von der Sinnlichkeit, wie es die letzten Worte sagen, sondern von aller Causalität abstrahiren und allein auf den Willen die practischen Gesetze einschränken. In demselben Sinne sagt er auch ebenda vorher von der practischen Vernunft: „Zu ihrer Gesetzgebung aber wird erfordert, dass sie blos sich selbst vorauszusetzen bedürfe, weil die Regel nur alsdann objectiv und allgemein gültig ist, wenn sie ohne zufällige subjective Bedingungen gilt, die ein vernünftig Wesen von dem anderen unterscheiden." Das ist aber zu viel gesagt. Daraus, dass der Wille objectiv und allgemein sein soll, folgt nicht, dass er ohne subjective Bedingung gelten, sondern nur, dass er nicht ursprünglich durch sie bestimmt werden soll, noch weniger also, dass er an gar keine Bedingungen geknüpft ist und „blos sich selbst" voraussetzen dürfe, sondern nur, dass, als reinem Willen, sinnliche Bedingungen ihm fremd sind. Es liegt in letzterer Beziehung hier derselbe Fehler vor wie bei der Begriffsbestimmung: Kant leugnet, ohne jedoch die Unmöglichkeit davon dargelegt zu haben, dass es ideale Objecte geben könne. Wir werden die Tragweite dieses Irrthums bei den Lehrsätzen selbst in ihrer ganzen Bedeutung erkennen, begnügen uns aber hier mit der Bemerkung, dass durch diese Irrthümer der „Anmerkung" zunächst die Richtigkeit der „Erklärung" selber noch nicht berührt wird.

2. Zu § 2.

In dem ersten Lehrsatze weist Kant alle empirischen Principien als untauglich zu practischen Gesetzen zurück.

Dieser Satz ist, als Anfang der Deduction Kant's, in der Kritik der pr. Vn., von der höchsten Wichtigkeit. Wir müssen daher genau auf den Beweis eingehen. Dieser beginnt: „Ich verstehe unter der Materie des Begehrungsvermögens einen Gegenstand, dessen Wirklichkeit begehrt wird." Schon an diesen Worten sehen wir, mit welchem Rechte wir an der Begründung des Begriffes der Ethik Anstoss nahmen. Ist denn die „Wirklichkeit" durch das materielle Sein erschöpft? Doch wahrlich nicht, nicht einmal die Endlichkeit. Denn sonst würde die Form zu leerer Abstraction werden, und doch soll sie allein nach Kant's reiner Vernunft sogar objective Erkenntniss ermöglichen, also mindestens reale Beziehung haben. Somit ist dieser Anfang nur unter der Einschränkung wahr, dass Kant unter der Materie des Begehrungsvermögens nur einen sinnlichen Gegenstand versteht. Dass er auch wirklich nur letzteren versteht, beweisen die unmittelbar folgenden Worte: „Wenn die Begierde nach diesem Gegenstande nun vor der practischen Regel hervorgeht und die Bedingung ist, sie sich zum Princip zu machen, so sage ich (erstlich): dieses Princip ist alsdann jederzeit empirisch." Denn dächte Kant an einen idealen Gegenstand, wäre ihm Materie gleich Object überhaupt, so wäre diese Behauptung unmöglich. — — Nur unter derselben Einschränkung gelten auch die folgenden diese Behauptung begründenden Sätze: „denn der Bestimmungsgrund der Willkür ist alsdann die Vorstellung eines Objects und dasjenige Verhältniss derselben zum Subject, wodurch das Begehrungsvermögen zur Wirklichmachung desselben bestimmt wird. Ein solches Verhältniss aber zum Subject heisst die Lust an der Wirklichkeit eines Gegenstandes. Also müsste diese als Bedingung der Möglichkeit der Bestimmung der Willkür vorausgesetzt werden. Es kann aber von keiner Vorstellung irgend eines Gegenstandes, welche sie auch sei, a priori erkannt werden, ob sie mit Lust oder Unlust verbunden, oder indifferent sein werde." Und hier sehen wir ganz deutlich, dass Kant nur an Sinnenlust denkt. Wenn es keine höhere Lust giebt, dann hat Kant Recht. Dass das aber der Fall sei, ist nicht gezeigt, und so darf Kant nur von der Vorstellung eines sinnlichen Gegenstandes sagen, dass nicht a priori ihre Beziehung zur Lust erkannt werden kann. Setzen wir also überall in diesen Sätzen, wo von Vorstellung oder Wirklichkeit eines Gegenstandes geredet wird, das einschränkende Epitheton „sinnlich" zu letzterem hinzu, so ist Kant's Beweis richtig, aber auch nur dann. Dasselbe Epitheton müssen wir ferner zu dem Worte „empirisch" setzen. Denn schon die apriori'schen Formen beweisen, dass die Erfahrung nicht immer etwas blos Aeusserliches ist. Dass dies freilich Kant schon in der theoretischen Vernunft verkannt hatte, haben wir oben dargethan. Nur Nothwendigkeit und Allgemeinheit giebt die Erfahrung nicht, und sie kann daher nicht apriorisch den Willen oder die Erkenntniss bestimmen. Denn mag sie gleich das Apriori de facto enthalten, so enthält sie es doch nicht der Genesis nach und erzeugt es nicht.

Demgemäss ist dann auch der Schlusssatz des 1. Theils des Beweises und der 2. Theil des letzteren abzuändern, und der Lehrsatz selbst enthält dann nur in dieser Form Wahrheit.*) „Alle

---

*) Meine Zusätze bei solchen Abänderungen werde ich stets durch eckige Klammern bezeichnen.

practische Principien, die ein [sinnliches] Object (Materie) des Begehrungsvermögens als Bestimmungsgrund des Willens voraussetzen, sind insgesammt [äusserlich] empirisch und können keine practischen Gesetze abgeben."

Bleibend ist in diesem Beweise also nur, dass sinnliche Objecte nicht Bestimmungsgründe des Willens sein können. Es ist hier nicht einmal bewiesen, dass keine empirischen Objecte Bestimmungsgründe des Willens sein können. Dies folgt nur aus der „Kr. d. r. Vn.", wo allerdings dargethan ist, dass alle objective Erfahrung nur sinnliche Gegenstände liefert. Also können freilich, wie Kant dies in der „Anmerkung" zu der diesen Lehrsätzen vorausgestellten „Erklärung" erörtert hat, empirische Objecte nicht den Willen bestimmen, d. h. nicht unmittelbar dessen Objecte sein; aber es ist andererseits nicht etwa dargethan, dass sie überhaupt nicht Objecte des Willens sein dürfen. Gerade wie die apriori'sche Erkenntniss der Erfahrung nothwendig und allgemein blieb, trotzdem dass sie auf sinnliche Objecte ging, so hindert nichts, dass der Wille rein bleibe, wenn er auf Erfahrung angewendet wird.

Berücksichtigen wir noch dies, so können wir den obigen Satz noch dahin erweitern: Weder Principien, die ein sinnliches Object als Bestimmungsgrund des Willens enthalten, noch solche, die überhaupt empirisch sind, können practische Gesetze abgeben. — Nie jedoch dürfen wir Kant zugeben, dass alle Principien, die ein Object enthalten, empirisch sind. Denn sonst müssten es auch die sein, welche ein ideales Object vorstellen, was ein Widerspruch in sich sein würde.

3) Zu § 3.

Die folgenden Lehrsätze der Analytik der pr. Vn. beweisen nun ganz deutlich, dass Kant hier „Object" gleichbedeutend mit „sinnlichem Object" genommen hat. So redet er im Lehrsatz II überhaupt nicht mehr von „objectiven", sondern gleich von „materialen" practischen Principien. Dass aber diese auch alle „objectiven" practischen Principien decken sollen, beweist ganz klar die „Folgerung." Den Anfang derselben: „Alle materiale practischen Regeln setzen den Bestimmungsgrund des Willens im unteren Begehrungsvermögen" kann jeder einräumen, aber die Fortsetzung: „und gäbe es gar keine blos formalen Gesetze desselben, die den Willen hinreichend bestimmten, so würde auch kein oberes Begehrungsvermögen eingeräumt werden können" ist falsch. Denn sie ist nur unter der Voraussetzung richtig, dass ausser den materialen Gesetzen es keine anderen Objecte, keine idealen giebt. Also ist auch der Anfang der „Folgerung" wohl dem Buchstaben, nicht aber dem Geiste nach richtig. Da aber diese „Folgerung" den „Lehrsatz II" zur Voraussetzung hat, so gilt von ihm dasselbe. An sich wird ihn jeder zugeben. Aber die „Folgerung" zeigt, dass materiale Principien alle „inhaltlichen" sein sollen, und dann ist der Satz falsch oder doch in Kant's Sinne falsch, d. h. er kann nicht beweisen, was er beweisen soll, dass alle objectiven Principien zum Princip der Selbstliebe gehören und alle Lust sinnlich ist. In der That will dies aber Kant zeigen, denn er sagt: „die Lust aus der Vorstellung der Existenz einer Sache, sofern sie ein Bestimmungsgrund des Begehrens dieser Sache sein soll, gründet sich auf der Empfänglichkeit des Subjects, weil sie von dem Dasein eines Gegenstandes abhängt . . . ." Dieser Anfang seines Beweises ist aber nur unter der Voraussetzung wahr, dass er blos die Lust aus der Vorstellung der Existenz einer sinnlichen Sache betrifft, nicht eine Sache überhaupt.

An demselben Fehler leiden dann auch die Beweisführungen in den „Anmerkungen" zur „Folgerung". Auf dieselben im Besonderen einzugehen, würde aber hier zu weit führen.

4) Zu § 4.

Der III. Lehrsatz ist die strenge Folge von Lehrsatz II. Er ist aber nicht blos dies, er enthält noch etwas mehr, und in diesem „Mehr" liegt die bleibende Bedeutung desselben.

Stellen wir uns den Satz unmittelbar vor Augen! Er lautet: „Wenn ein vernünftiges Wesen sich seine Maximen als practische allgemeine Gesetze denken soll, so kann es sich dieselben nur als solche Principien denken, die nicht der Materie, sondern blos der Form nach den Bestimmungsgrund des Willens enthalten." Wer diesen Satz mit den früheren vergleicht, dem wird sogleich auffallen, dass er nicht in demselben Grade die Form des Absoluten an sich trägt. Denn in Lehrsatz I und II sowie in der „Folgerung" hiess es schlechthin „alle practischen Principien" oder „alle materialen practischen Principien", welches letztere aber in Kant's Sinne bedeuten sollte: „alle inhaltlichen practischen Principien", und da war von Kant zu viel behauptet. Hier aber heisst es: „Wenn ein vernünftiges Wesen sich seine Maximen als practisch allgemeine Gesetze denken soll". Nun hatte Kant in der „Erklärung den Begriff der Maximen" als den der „subjectiven Principien, in welchen die Bedingungen der Regel für das Subject des Willens gelten," bestimmt und den practischen Gesetzen, die für jedes vernünftige Wesen gelten, entgegengesetzt. Also kann „ein vernünftiges Wesen" hier in unserem Satze nicht „jedes vernünftige Wesen," sondern nur das einzelne, endliche Wesen bedeuten. — Somit geht Kant mit diesem Lehrsatze III vom Standpunkt des absoluten zu dem des einzelnen empirischen Wesens über und unter dieser Voraussetzung ist derselbe richtig. Denn kann sich der Mensch auch ideale Objecte denken, so kann er letztere doch nicht von vorn herein als solche denken. Denn alle Erkenntniss fängt nach Kant mit der Erfahrung an und also auch das Denken, als ein Element der Erkenntniss (wie ja in der theoretischen Vernunft objective Erkenntniss sich sogar nur auf Erfahrung auch sonst beziehen konnte), und da Erfahrung wohl zum Apriori führt, aber nur zur Entdeckung desselben, nicht zur Entstehung, so enthält sie nur apriori'sche Formen, aber keinen apriori'schen Inhalt. Sollen wir endliche Wesen nun doch allgemeine Sätze suchen, die also in der Erfahrung liegen müssen, so können sie nur apriori'sche Formen enthalten oder anderenfalls doch nicht unmittelbar sein und als die ersten practischen Gesetze gelten.

Dies ist das „Mehr" in diesem Lehrsatze, was über die „Folgerung" zum „Lehrsatz II" hinausgeht und zugleich die stillschweigende Voraussetzung, die Kant in Folge der Ergebnisse der Kr. d. r. Vn. hier macht. Es ist also hier das umgekehrte logische Verhältniss wie bei den früheren Beweisen. Denn wie der Mangel einer eingehenderen Erörterung dieser Voraussetzungen aus der Kr. d. r. Vn. schon in den früheren Lehrsätzen zu übertriebenen Folgerungen geführt hatte, so ist er hier Schuld daran, dass wegen des dort zu viel Geschlossenen hier zu wenig bewiesen wird.

Dieser Punkt führt uns unmittelbar zur Darlegung der Consequenzen, mit welcher dieser Lehrsatz aus jener „Folgerung" zu Lehrsatz II hervorgeht. Kant sagte hier, dass das vernünftige Wesen sich nur solche Principien als allgemeine practische Gesetze denken könne, „die nicht der Materie . . . nach den Bestimmungsgrund des Willens enthalten." Er hätte zufügen müssen oder „der Idee" nach. In diesem Mangel liegt die Consequenz zum Vorangegangenen. Auch der Beweis ist nur darauf gegründet, dass keine Materie zum allgemeinen Princip des Willens tauge; es fehlt der Beweis, dass auch keine Idee, wenn sie selbst an sich dazu tauge, doch für den Menschen nicht fassbar und tauglich sei. Denn sie liegt jenseit der Schranken unserer Erkenntniss oder doch unsrer objectiv allgemein gültigen und positiven Erkenntniss, wie die Kritik der theoretischen Vernunft es gezeigt hat, und kann somit auch in der reinen Vernunft, wenigstens nicht ohne Weiteres und unmittelbar als Ausgangspunkt genommen werden. Nach dem Gesagten ist das Ergebniss dieses Lehrsatzes, nicht der Beweis und nicht ganz seine Form von bleibender Bedeutung. Denn er deutet die einzig mögliche Art an, wie das allgemein gültige, d. i. das Grundprincip der Ethik vom Menschen gefunden werden könne. Ja, wir dürfen sagen, dass Kant selbst es gefunden trotz des mangelhaften Beweises, weil die Ergänzungen desselben in seiner Kritik der theoretischen Vernunft enthalten und wesentlich schon in der „Anmerkung" der „Erklärung" in ihrer Anwendung auf die practische Vernunft erläutert sind. Auch hätte Kant dieses ausdrücklichen Beweises gar nicht bedurft, wenn er nicht in den ersten Lehrsätzen übertriebene Folgerungen gemacht hätte. Denn aus der Unzureichendheit der empirischen Principien als unmittelbarer Bestimmungsgründe des Willens folgte unmittelbar, dass es nur apriori'sche und zwar für den Menschen, als endliches Wesen, nur solche apriori'schen Principien sein könnten, die in der Erfahrung sich unmittelbar offenbaren, d. i. rein formale Principien.

5. Zu § 5—7.

Die Aufgaben I und II hat Kant mit strenger Consequenz dem Vorangegangenen gemäss gelöst, wie aus dem angegebenen Gange ihrer Auflösung jedem Unbefangenen einleuchten muss und ebenso folgerecht zu dem in § 1—4 Enthaltenen ist die Formel im § 7. „Handle so, dass die Maxime deines Willens jederzeit zugleich als Princip einer allgemeinen Gesetzgebung gelten könne" und die „Folgerung": „Reine Vernunft ist für sich allein practisch und giebt (dem Menschen) ein allgemeines Gesetz, welches wir das Sittengesetz nennen", von Kant ausgedrückt.

In der That also hat Kant hier eine Form gefunden, die unmittelbar real ist und uns auch unmittelbar in ein nicht sinnliches, d. i. ideales Sein einer intelligiblen Welt überführt. Denn da dieses Gesetz rein formal ist, also keine Erkenntniss enthält und sich gar nicht, wie Raum und Zeit, stets nothwendig auf sinnliche Anschauung bezieht, so ist es nicht den Bedingungen aller Erkenntniss des Endlichen, also nicht denen der Erscheinung unterworfen. Es ist daher seinem Ursprunge nach ein Factum der reinen Vernunft und gehört einer intelligiblen Welt an. Da es zugleich eine Form des practischen Vermögens ist, so hat es nicht blos unmittelbare Beziehung zum Dasein, sondern es ist auch selbst ein solches, es ist also ein reales und als erstes Factum der pr. Vn. ein unmittelbar reales Factum der reinen Vernunft und bedarf als solches nicht erst eines Beweises seiner Realität. Daher behauptet in letzterer Beziehung Kant mit Recht, dass es ursprünglich gesetzgebend sei. — Nach dieser zugleich idealen und realen Wirklichkeit des practischen Gesetzes ist es für uns Menschen das Centrum unseres ganzen intellectuellen Seins und Lebens, indem sich in ihm beide Welten des absoluten Seins und des Daseins berühren und nur in ihm, wie in einem Culminationspunkt, der Mensch sein Doppelwesen wenigstens practisch, d. i. wenn er will, ausgeglichen, ob schon nicht etwa zu einer Identität des absoluten Seins verschmolzen sieht.

Ist nun ferner dies Gesetz, wie Kant in den „Aufgaben" zeigt, nicht ohne Freiheit denkbar, so giebt es dieser eine Wirklichkeit in einer intelligiblen Welt, d. i. Idealität, da wir Realität nur die Wirklichkeit im Endlichen, im Dasein nennen wollen. Diese intelligible Freiheit widerstreitet aber nicht der Naturnothwendigkeit, wie Kant in der Kr. d. r. Vn. dargethan. Freilich bleibt es hier im Practischen nur bei einem „Postuliren" derselben, denn wir denken und finden nur die Wirklichkeit derselben in practischer Absicht nöthig, erkennen aber nicht ihre Gründe und ihre Möglichkeit. Zu Erkenntniss gehört ja ein Object und theoretische Formen von blos mittelbarem und subjectiv realem Ursprunge. Wir können daher nie unmittelbar ein Object der Freiheit erkennen, sondern dasselbe nur, sofern es von uns nach Art der Erscheinungen in Begriffe gebracht wird; dass aber Erscheinungen nur Erscheinungen des Endlichen, d. i. von Erfahrungsgegenständen sein müssen, ist zwar von Kant erwiesen, aber nicht, dass es keine Analogien derselben jenseits der Erscheinungen geben könne; vielmehr war nur objective und positive Erkenntniss davon im Theoretischen unmöglich.

Diese letzten Bemerkungen gehen zwar schon das Verhältniss zur theoretischen Vernunft an, aber sie liessen sich einerseits am klarsten unmittelbar an die Sache selbst anschliessen und es werden daher die Folgerungen daraus, die beim zweiten Theil dieser Kritik von Wichtigkeit sind, auf um so festerem Boden ruhen; andererseits haben sie auch für den Inhalt der Ethik selbst die grösste Wichtigkeit.

Weil der kategorische Imperativ die Form ist, auf welche allein unmittelbar die practische Vernunft führt, so ist sie das oberste Factum der practischen Vernunft. Kant aber behauptet in der Anmerkung dazu nicht nur dies, sondern auch, dass es nicht empirisch und das einzige Factum der reinen Vernunft sei.

Die beiden letzteren Bestimmungen sind unrichtig. Haben wir doch von B. Meyer gelernt, dass a priori und empirisch keine unvereinbaren Gegensätze sind, sondern nur apriori'scher und empirischer Ursprung und daher apriori'sches und empiri'sches Object. Also kann erstlich dies Gesetz empirisch sein, da es blos formal ist. Es muss aber auch zweitens empirisch sein, denn als erstes practisches Gesetz, als Anfang der Grundlage der practischen Erkenntniss muss es in der Erfahrung entdeckt sein, ob es gleich nicht aus ihr stammt. So ist es aber auch entdeckt. Denn es ist nur mittels der in der theoretischen Vernunft gewonnenen Kriterien des Allgemeinen und Nothwendigen das practische Bewusstsein wie dort das Anschauungsvermögen analysirt und durch Selbstbesinnung jener Grundsatz ermittelt. Der Unterschied ist eben nur der, dass, während in der theoretischen Vernunft schon die Analyse der Anschauung ein Verhältniss zum Object und daher im Endlichen zur Sinnlichkeit voraussetzt, hier die Vernunft bei sich selbst stehen bleibt, da das practische Vermögen seinem Wesen nach Realität aus sich selbst erzeugt. — Auch berief sich Kant hier auf die Zergliederung des Urtheils der Menschen. Diese hat Kant in der „Grundlegung zur Metaphysik der Sitten" gegeben. Folgen wir dieser Berufung, so finden wir dort diese Analyse sogar am gemeinen menschlichen Bewusstsein vorgenommen und dasselbe Ergebniss wie hier in dem Abschnitte: „Uebergang von der gemeinen sittlichen Vernunft-Erkenntniss zur philosophischen" in folgenden Worten (S. 20) enthalten: „[es] bleibt nichts als die allgemeine Gesetzmässigkeit der Handlungen übrig, welche allein dem Willen zum Princip dienen soll, d. i. ich soll niemals anders verfahren als so, dass ich auch wollen könne, meine Maxime soll ein allgemeines Gesetz werden." Mit Recht sagt daher ebenda S. 22—23 Kant: „So sind wir denn in der moralischen Erkenntniss der gemeinen Menschenvernunft bis zu ihrem Princip gelangt, welches sie sich zwar freilich nicht so in einer allgemeinen Form abgesondert denkt, aber doch jederzeit wirklich vor Augen hat und zum Richtmaasse ihrer Beurtheilung braucht. Es wäre hier leicht zu zeigen, wie sie, mit diesem Kompasse in der Hand, in allen vorkommenden Fällen sehr gut Bescheid wisse, zu unterscheiden, was gut, was böse, pflichtmässig oder pflichtwidrig sei, wenn man, ohne sie im Mindesten etwas Neues zu lehren, sie nur, wie Sokrates that, auf ihr eigenes Princip aufmerksam macht, und dass es also keiner Wissenschaft und Philosophie bedürfe, um zu wissen, was man [zu] thun habe, um ehrlich und gut, ja sogar um weise und tugendhaft zu sein."

Uebereinstimmt mit unserer Auffassung auch B. Meyer's Urtheil a. a. O. S. 164: „Kant's Hauptziel ist darauf gerichtet, den apriori'schen Besitz unserer Vernunft zu entdecken und gegen jeden Zweifel sicher zu stellen. Nachdem Kant nun als Kriterien des Apriori die Allgemeinheit und Nothwendigkeit der Begriffe entdeckt hatte und vermittelst dieser Kriterien die apriori'schen Anschauungsformen, Verstandesbegriffe und Vernunftideen aufgefunden hatte, musste sich ihm die Frage aufdrängen, ob nicht mit Hülfe derselben Kriterien auch auf dem Gebiete der Moral allgemein nothwendige Begriffe entdeckt werden könnten. Eine Betrachtung der sittlichen Urtheile über gut und böse zeigte ihm offenkundig ein viel grösseres Schwanken, als die Betrachtung der logischen Urtheile. Hatte doch ein Blick auf die in Zeiten und Völkern wechselnden sittlichen Urtheile schon Locke und andere Denker veranlasst überhaupt das Vorhandensein eines festen sittlichen Maassstabs unter den Menschen, einer allgemein menschlichen Sittenregel zu bezweifeln. Das Gewissen selbst mit seinem unbedingten Ausspruch war unter diesen Zweifeln dem Nachdenken abhanden gekommen. Es galt jetzt auf dem Gebiete der practischen Urtheile zunächst das Uebedingte wieder aufzufinden und sicher zu stellen. Diese Aufgabe stellte sich Kant und löste sie in einer tadellosen Weise durch eine Analyse des moralischen Bewusstseins jedweden sittlichen Urtheils."

Somit ist der categorische Imperativ gerade als erstes practisches Gesetz, als Anfang und Grundlage der practischen Erkenntniss, zwar auch ein empirisches Factum, d. h. ein Factum, welches in der Erfahrung entdeckt wird, aber kein empirisches Princip, da es nicht seinen Ursprung in derselben hat.

Aber es ist nicht das „einzige" Factum der reinen practischen Vernunft. Denn es hindert nichts, dass durch dasselbe noch andere reine Formen der practischen Vernunft entdeckt werden, welche denn zwar nicht, wie dieses, unmittelbar real sind, aber doch, wie in der theoretischen Vernunft die Kategorien des Verstandes in Anwendung auf die Erfahrung mittelbare Realität, d. i. reale Beziehung, ja als mittelbar entdeckte Formen des an sich realen practischen Vermögens, sogar mehr als dies, nämlich mittelbar reale Wirkung haben. — Kant giebt dies aber nicht zu, weil er alle Beziehung zur Erfahrung und alle sinnlichen Objecte von jeglicher Willensbestimmung im Ethischen ausschliesst. Er hatte jedoch nur gezeigt, dass sie den Willen nicht unmittelbar bestimmen dürfen, aber nicht, dass sie überhaupt dem guten Willen fremd sind.

Prüfen wir auch in dieser Beziehung nochmals ein Beispiel der gedachten Analyse in der „Grundlage zur Metaph. der Sitten," so wird sie unser Urtheil nur erhärten. Kant sagt dort S. 16: „Wohlthätig sein, wo man kann, ist Pflicht, und überdem giebt es manche so theilnehmend gestimmte Seelen, dass sie, auch ohne einen anderen Bewegungsgrund der Eitelkeit oder des Eigennutzes, ein inneres Vergnügen daran finden, Freude um sich zu verbreiten und die sich der Zufriedenheit, sofern sie ihr Werk ist, ergötzen können. Aber ich behaupte, dass in solchem Falle dergleichen Handlung, so pflichtmässig, so liebenswürdig sie auch ist, dennoch keinen wahren sittlichen Werth habe, sondern mit anderen Neigungen zu gleichen Paaren gehe, z. E. der Neigung nach Ehre, die, wenn sie in glücklicher Weise auf das trifft, was in der That gemeinnützig und pflichtmässig, mithin ehrenwerth ist, Lob und Aufmunterung, aber nicht Hochschätzung verdient; denn der Maxime fehlt der sittliche Gehalt, nämlich solche Handlungen nicht aus Neigung, sondern aus Pflicht zu thun." Aber ist denn in dieser Ausführung etwas Anderes gezeigt, als dass ohne die Grundlage des blos formalen Pflichtgebots Wohlthun keinen sittlichen Werth hat? Doch gewiss nicht. Ebenso ist es mit den anderen Beispielen Kant's an jener Stelle. Sie thun nur das — das freilich trefflichst —, dass das moralische Gesetz die unabweisliche Grundlage alles sittlichen Wollens ist, nicht dass in ihm die ganze Erfüllung desselben liegt. Auch hierüber verweise ich auf B. Meyer, besonders auf folgende Worte, a. a. O. S. 198—199: „Kant hatte das wesentliche apriori'sche Grundelement des Sittlichen gefunden, aber er täuschte sich selbst über die Natur des Weges, auf dem er es entdeckt hatte und glaubte irrthümlich, es sei das einzige sittliche Grundelement, das sich auf diesem verkannten Wege entdecken lasse. Der Weg, den er eingeschlagen hatte, war auch hier, wie überhaupt bei seinem Aufsuchen des Apriori, der Weg der psychologischen Analyse; er analysirte die Natur des sittlichen Bewusstseins und fand richtig in demselben als allgemein nothwendigen Grundbestandtheil die Idee der sittlichen Verbindlichkeit. Aber er wollte diese Entdeckung nicht als eine Sache der Psychologie gelten lassen, weil er als solche allein die psychologisch inductive Ableitung einer nur comparativ allgemeinen Erfahrung aus einer Reihe einzelner Beobachtungen ansehen zu können meinte. Hätte Kant über die psychologische Natur dieser seiner Entdeckung eine klarere Ansicht gehabt, so hätte er auch keine Bedenken getragen, diese seine Entdeckungsreise auf dem ethischen Gebiet noch weiter fortzusetzen."

Es handelt sich endlich auch noch um die Form des practischen Gesetzes, die ein kategorischer Imperativ war. Die Form des letzteren hat Kant in der „Anmerkung" zur „Erklärung" S. 116 der Kr. d. pr. Vn. mit folgenden Worten genügend gerechtfertigt: „Die practische Regel ist jederzeit ein Product der Vernunft, weil sie Handlung, als Mittel zur Wirkung, als Absicht vorschreibt. Diese Regel ist aber für ein Wesen, bei dem Vernunft nicht ganz allein Bestimmungsgrund des Wollens ist, ein Imperativ, d. i. eine Regel, die durch ein Sollen, welches die objective Nöthigung der Handlung ausdrückt, bezeichnet wird, und bedeutet, dass, wenn die Vernunft den Willen gänzlich bestimmte, die Handlung unausbleiblich nach dieser Regel geschehen würde." Die kategorische Form aber begründet er ebenda und S. 117 oben folgendermassen: „Die Imperativen selber aber, wenn sie bedingt sind, d. i. nichts den Willen schlechthin als Willen sondern nur in Ansehung einer begehrten Wirkung bestimmen, d. i. hypothetische Imperativen sind, sind zwar practische Vorschriften, aber keine Gesetze. Die letzteren müssen den Willen als Willen, noch ehe ich frage, ob ich gar das zu einer begehrten Wirkung erforderliche Vermögen habe, oder was mir, um diese hervorzubringen zu thun sei, hinreichend bestimmen, mithin kategorisch sein, sonst sind es gar keine Gesetze; weil ihnen die Nothwendigkeit fehlt, welche, wenn sie practisch sein soll, von pathologischen, mithin dem Willen zufällig anklebenden Bedingungen unabhängig sein muss."

Auch den Begriff der Pflicht hat Kant in der Anmerkung zur „Folgerung" des § 7, wie oben dargestellt, richtig bestimmt, aber eben nur den Begriff der Pflicht; die Bedeutung der letzteren unterliegt jedoch derselben Einschränkung wie das moralische Gesetz. Denn sie ist nur der Grundbegriff, nicht der einzige Begriff moralischer Verbindlichkeit.

Das Bleibende von dem kategorischen Imperativ ist also: 1) dass Kant darin die oberste formale Grundlage für alle besonderen moralischen Vorschriften geschaffen hat, die unerlässliche und unabänderliche Bedeutung alles sittlichen Handelns, ohne deren vorangegangene Erfüllung auch die dem Zwecke der reinen Vernunft sonst angemessensten Ziele keinen sittlichen Werth haben; 2) aber hat er durch denselben dem Apriori unmittelbare Realität im Dasein in dem practischen Gesetze selbst und mittelbare Idealität im Sein einer intelligiblen Welt vermöge der Freiheit als der Voraussetzung des moralischen Gesetzes verschafft.

G. Zu §. 8.

Den Beschluss dieser Grundsätze bildete der Lehrsatz IV. Dieser behauptet in der Autonomie des Willens das alleinige Princip aller moralischen Gesetze, indem er in der Unabhängigkeit von aller Materie des Gesetzes, nämlich einem begehrten Objecte und doch zugleich in der Bestimmung des Gesetzes blos durch die Form das alleinige Princip der Sittlichkeit setzt. Aber die erste Annahme dieses Beweises ist an den vorangegangenen Lehrsätzen, die letztere bei der Kritik der Anmerkung zum moralischen Gesetze und zu dessen Folgerung als falsch dargethan, und es ist somit dieser Satz dahin zu beschränken, dass Autonomie nicht das alleinige, sondern nur das „erste" Grundprincip aller Moralität sei.

An diesem Lehrsatze ist nun der Irrthum Kant's in seiner ganzen Bedeutung zu erkennen, der darin beruht, dass er nicht nur als erste Bedingung des Wollens, sondern überhaupt jedes ideale wie reale Object von der sittlichen Willensbestimmung ausschliesst.

Hiernach ist auch das Verhältniss der den Lehrsätzen vorangeschickten „Erklärung" zu dem reinen Begriffe des practischen Gesetzes klar: Sie enthält denselben nur zum Theil, nur in formaler Beziehung, nicht vollständig.

Auch die „Anmerkungen" zu dem letzten Lehrsatze, die darin enthaltene Kritik des Glückseligkeitsprincips u. s. w. sind nur von dem Standpunkte formaler Sittlichkeit, als der nothwendigen Grundlage aller menschlichen Gesittung und als eine gegen die blos sinnliche Heteronomie gerichtete Ausführung Kant's gerechtfertigt.

2. Abschnitt.

Prüfung des kategorischen Imperativ's im Verhältniss zu dem Begriffe und der Bedeutung des Apriori nach der Kritik der reinen Vernunft.

Für das Wesen des Kriticismus und die gesammte Kant'sche Grundansicht war entscheidend die Bedeutung, welche das Apriori in seiner Lehre hatte.

Wir unterschieden an demselben vier Seiten: die ideale, die transscendentale, die kritische und die antidogmatische. Nach diesen vier Punkten wollen wir nun auch das Apriori der practischen Vernunft, soweit es aus dem Wesen des kategorischen Imperativ's ersichtlich ist, hier verfolgen. Zum Theil hatte Kant selbst die Beziehungen des letzteren zur theoretischen Vernunft in besonderen Abschnitten, deren Kritik wir uns für diese Untersuchung vorbehalten haben, ausführlich erörtert, ebenso geben auch die sachlichen Abschnitte Mittel zur Vergleichung an die Hand. Daher wird der sachliche Theil der Begründung des kategorischen Imperativ's bei der Beurtheilung der Beschaffenheit des Apriori nach ihm ebenfalls von Wichtigkeit sein.

Die vier gedachten Seiten des Apriori stellen das Wesen desselben, sowie es in Rücksicht auf die Realität erscheint, nicht aber dessen einheitlichen Begriff dar. Auch diesen hatte Kant bestimmt, und wie wir ihn hinsichtlich seiner Begründung in der Kritik der r. Vn. geprüft haben, so müssen wir auch hier auf denselben in seiner Beziehung zum kategorischen Imperativ und zur practischen Vernunft unsere Kritik richten.

J. Ueber das Verhältniss des Begriffs des Apriori in der r. Vn. zu dem in der Begründung des kategorischen Imperativ's.

Das Bleibende im Wesen des Apriori war, wie oben S. 38 ff. nachgewiesen gemäss der Kr. d. r. Vn., dass es das Selbstständige und Schöpferische in uns ist, der Mangel, dass es von aller und nicht blos von der inductiven Erfahrung unabhängig sein soll.

Finden wir diesen Begriff des Apriori hier im Ethischen wieder? Allerdings, und zwar in einer Steigerung, so dass auch Wahrheit und Mangel noch deutlicher hervortreten.

A. In den Abschnitten, die das Verhältniss zur reinen theoretischen Vernunft erörtern.

Betrachten wir zunächst die oben erwähnten Hauptstellen in den Abschnitten, wo Kant das Verhältniss zur theoretischen Vernunft erörtert, so kommt hier nur der Abschnitt 1) I der Darstellung des ethischen Princips in Betracht. Denn dort war der rationale Theil der Ethik als der bezeichnet, nach welchem sie „lediglich aus Principien a priori ihre Lehren vorträgt (S. oben S. 59). Auf solche Weise ist also a priori'sch und empirisch wieder in einen contradictionellen Gegensatz wie in der reinen Vernunft gebracht.

In den Beigaben zur „Analytik der practischen Grundsätze" findet sich trotz der vielfachen dortigen Beziehungen zur reinen

Vernunft doch nirgend ein Eingehen auf den Begriff des Apriori. Wir betrachten denselben daher nunmehr nach den sachlichen Abschnitten weiter.

B. In den sachlichen Abschnitten.

Es genügt, hier einfach hinzuweisen auf die Stellen, die schon bei der sachlichen Kritik vermuthen liessen, dass Kant das Apriori in der practischen Vernunft in demselben Sinne wie in der reinen Vernunft braucht. Zunächst trat dies in der „Anmerkung" zu der den Grundsätzen vorausgeschickten „Erklärung" hervor. Wir sahen oben (S. 75—76), dass Kant von der a priori'schen Willensbestimmung alle subjectiven Bedingungen nicht blos zunächst, sondern überhaupt ausgeschlossen hatte. Einen Beweis dafür hatte er nicht geliefert. Wir wissen jetzt auch, dass er es nicht nöthig hatte, ihn hier zu geben. Denn, wie wir eben unter A gesehen, hat Kant einfach die Begriffe der reinen Vernunft hierher übertragen. Aber freilich war in dieser der Beweis, dass das Apriori von aller Erfahrung unabhängig sei, nicht gelungen, sondern nur, dass es aus keiner Erfahrung stamme. •Und wie dieser Irrthum in der theoretischen Vernunft dazu führte, alle empirische Erkenntniss für unwissenschaftlich zu erklären, so hatte es hier die Folge, das Sinnliche nicht blos ursprünglich, sondern gänzlich vom Sittlichen auszuschliessen, ja es sogar als unwürdig desselben zu bezeichnen.

Denn, verfolgen wir nunmehr den Begriff des Apriori sachlich weiter, so wird im „Lehrsatz I" wegen desselben Irrthums behauptet, dass alle empirischen Principien zu practischen Gesetzen untauglich sind, und die materialen werden deshalb verworfen. Nicht aber, weil diese empirisch, sondern blos, weil sie sinnlich sind, können sie keine practischen Gesetze sein.

Die Folgen dieses Irrthums in den übrigen Lehrsätzen haben wir oben dargethan und besonders auch am kategorischen Imperativ gezeigt. Auch dieser sollte kein empirisches Factum sein, weil er ein synthetischer Satz a priori war, der weder auf reiner noch empirischer Anschauung sich gründete. Wir haben aber gesehen, dass er nur nicht aus Erfahrung stammt, aber gerade als das für uns unmittelbarste Factum der reinen practischen Vernunft nur empirisch entdeckt sein kann und entdeckt ist.

Da es aber ohne Freiheit nicht denkbar war und zwar nicht ohne absolute Freiheit, so bestätigte es in ausgedehntester Weise, dass auch im Practischen das Schöpferische das Wesen des Apriori ist. — Ein um so schreienderer Widerspruch hiermit ist es, dass reine Vernunft nur für sich allein und blos formal practisch sein könne, was nur die auf S. 132 der „Kr. d. pr. Vn." gezogene Consequenz aus der „Anmerkung" zu §. 7 war, nach welcher das practische Gesetz nicht empirisch sein könne. Was wäre das für eine Schöpferkraft, die nur an sich selbst arbeitet, nichts aus sich heraussetzt! Dieses ist freilich ohne jenes unmöglich — auch letzteres ist eine bleibende Wahrheit, die uns Kant mit dem kategorischen Imperativ tief erwiesen hat —, aber das „Ansich-selbst-Arbeiten" ist nicht das Höchste und Letzte und ebensowenig ein blos formales von allem Sinnlichen sich principiell lossagendes, practisches Grundgesetz. Nur ohne jene Selbstarbeit ist alles Andere werthlos.

Wir sahen hier scharf und klar, wie der blos formale Standpunkt der Kant'schen Ethik schon in dem Mangel seines Begriffs vom Apriori begründet ist und uns noch unbefriedigender lässt, als es in der reinen Vernunft der Fall war. Dies thut er um so mehr, als andrerseits die Macht des Apriori als die eines Schöpferischen in uns, in dem practischen Grundgesetz sich so mächtig entfaltet. Denn wir haben oben dargethan, wie es uns sogar unmittelbar mit der intelligiblen Welt verbindet.

II. **Ueber das Verhältniss der idealen und transscendentalen Seite des Apriori zum Princip der practischen Vernunft.**

Wir verstanden unter der idealen Seite des Apriori den Erweis von dessen blos subjectiver Existenz in unserm Geiste. Derselbe war Kant gelungen, nur hatte er ihn nicht vollständig in Bezug auf die theoretische Vernunft gegeben.

A. **In den sachlichen Abschnitten.**

1.

Hier haben wir ein ähnliches Verhältniss. Denn betrachten wir zunächst die ideale Begründung in den besprochenen sachlichen Theilen der pr. Vn. — mit denen wir hier beginnen müssen, weil Kant sich hinsichtlich der Begründung des idealen Moments in der pr. Vn. auf sie in den theoretischen Theilen stützt —, so haben wir bei der sachlichen Kritik bereits dargethan, dass in dem kategorischen Imperativ Kant in der That ein apriorisches practisches Gesetz aufgestellt hat und zwar von unmittelbarer Realität (S. oben S. 86 u. 81 fgg.). Also ist die subjective Existenz desselben und zugleich die objective, d. i. die Realität, mit einem Schlage dargethan. Eine transscendentale Deduction, die in der theoretischen Vernunft (siehe oben S. 28—30 und 45—48) die objective Gewissheit des Apriori erwies, indem er dasselbe als nothwendig zur objectiv geltenden Erkenntniss darthat, ist hier folglich überflüssig, und dies ist zugleich der Grund, dass wir in diesem in Rede stehenden Abschnitte unserer Kritik, beide Seiten des Apriori in der Betrachtung, wie schon die Ueberschrift zeigt, vereinigt haben.

Wir haben aber weiter gesehen, dass das moralische Gesetz die Grundlage aller ethischen Principien sein muss. Somit ist der Beweis für die Existenz des Apriori in idealer und realer Beziehung hier sogar noch unmittelbarer und nachdrücklicher gegeben als in der reinen Vernunft. —

2.

Die Aehnlichkeit im Mangel des idealen Erweises mit der reinen Vernunft besteht aber hier darin, dass das practische Gesetz die einzige apriorische Form im Sittlichen nach Kant sein soll. Dass es diese nicht ist, haben wir oben (S. 84—87) dargethan; es war vielmehr nur das erste formal apriori'sche Factum, dessen wir uns unmittelbar bewusst werden. Daraus waren andere Mängel entstanden. Denn anstatt die ethischen Urtheile noch weiter, gerade mittels jenes Gesetzes, zu analysiren, unterlässt dies Kant nicht nur gänzlich, wie bereits ebenda oben gezeigt, sondern er überträgt sogar fälschlich die theoretischen Kategorien hierher. Dies zwingt uns, einen Blick auf das zweite Hauptstück der Analytik der practischen Vernunft zu werfen.

Dort handelt Kant wie in dem ersten von den Grundsätzen, so nun „Vom Begriffe eines Gegenstandes der practischen Vernunft." Unter einem solchen versteht Kant die Vorstellung eines Objects als einer möglichen Wirkung durch Freiheit. Ein Gegenstand der letzteren sei also nur die Beziehung des Willens auf die Handlung, dadurch er oder sein Gegentheil wirklich gemacht würde. Nicht auf die physische Möglichkeit komme es hier an, denn nicht das Object sei hier der Bestimmungsgrund des Begehrungsvermögens, sondern ein Gesetz a priori und der Gegenstand der practischen Vernunft bedeute nur die Möglichkeit, ihn zu wollen. Die physische Möglichkeit müsse vorangehen, „Die Frage ist nur," sagt Kant S. 165 wörtlich, „ob wir eine Handlung, die auf die Existenz eines Objectes gerichtet ist, wollen dürfen, wenn dieses in unserer Gewalt wäre, mithin muss die moralische Möglichkeit der Handlung voran-

gehen; denn da ist nicht der Gegenstand, sondern das Gesetz des Willens der Bestimmungsgrund derselben."
Die alleinigen Objecte einer practischen Vernunft sind also die vom Guten und Bösen. Denn durch das Erstere versteht man einen nothwendigen Gegenstand des Begehrungs-, durch das Zweite des Verabscheuungs-Vermögens, beides aber nach einem Princip der Vernunft."
Somit wird bei Kant das sittliche Object von dem sittlichen Gesetze, nicht dieses von jenem abhängig gemacht. Denn gut ist demnach das, worin der Wille mit der reinen Vernunft übereinstimmt, böse das Gegentheil. — Zufolge dieses Beweises ist der Begriff eines sittlichen Gegenstandes in Wahrheit nur der einer Form als Gegenstand, d. i. eine blosse Abstraction. Damit bleibt sich freilich Kant im Sinne des kategorischen Imperativ's ganz consequent. Eben wegen dieser Consequenz enthält der Beweis aber auch nur in derselben Einschränkung wie das Vorangehende Wahrheit. Demnach sind die Begriffe des „Guten" und „Bösen," wie sie von Kant bestimmt sind, nicht die alleinigen, ja nicht einmal die ersten Objecte der practischen Vernunft, sondern nur die formal a priori'sche Grundlage der ersten und obersten Objecte derselben.

3.

Eine besondere Schwierigkeit liegt aber in dem Verhältniss des Guten und Bösen zu den theoretischen Kategorien. Diese überträgt Kant in diesem „Hauptstück" allgemein ohne Weiteres auf das practische Gebiet, gerade wie er bereits die der Causalität auf die im practischen Gesetze enthaltene Freiheit angewendet hatte. Dies ist aber ein Fehler. Gehen wir zunächst auf letztere ein, so hatte Kant nur gezeigt, dass die Freiheit, welche in dem moralischen Gesetze enthalten ist, nicht dem Gesetze der Naturnothwendigkeit, welches durch die theoretische Kategorie der Causalität ausgedrückt wird, widerstreite. Aber dass der Begriff der Causalität selbst hier im Practischen Anwendung finde, würde nur in dem Falle dargethan sein, dass es Objecte im Practischen giebt, worauf dieselbe anzuwenden ginge. Denn Causalität bleibt immer ein Begriff des theoretischen Verstandes und kann, um nicht als bloss abstracte Form bedeutungslos zu bleiben, nur in der theoretischen Erkenntniss von Objecten vorkommen und daher in der practischen nur dann, wenn sie zugleich als Erweiterung der theoretischen in dieser Beziehung erscheint. Bisher aber war im Practischen erstlich nur eine apriori'sche Form gegeben, bei welcher Freiheit vorausgesetzt werden musste. Zweitens war jene Form selbst unmittelbar real. Dieselbe steht also „Raum" und „Zeit" aber nicht den theoretischen Kategorien parallel. Auf diese Freiheit konnte also der Begriff der Causalität, als der einer theoretischen Kategorie, gar nicht Anwendung finden. Ausser diesen Bedenken hinsichtlich des verschiedenen Ursprungs der Freiheit und der logischen Kategorien erheben sich noch andere hinsichtlich der Bedeutung. Wenn wir nämlich auch wirklich Kant beiträten und den Begriff der Causalität für das practische Gebiet von den Schranken der Erfahrung befreiten, so würde er noch immer nicht dem Wesen der sittlichen Freiheit Genüge thun, oder doch nicht, insofern wie letztere in dem moralischen Grundsatz sich offenbart. Denn derselbe beträfe immer noch blos die Folge, das Nacheinander der Wirkungen, nicht die Erzeugung einer Wirkung überhaupt, hätte also einen Sinn, der wohl den idealen apriori'schen Inhalt im Gegensatz des blos formal apriorisch erkannten endlichen Objects bezeichnen würde und wäre somit eine transscendente Steigerung oder ein transscendentes Gegenbild des endlichen Objects in apriori'scher Hinsicht. Hier aber, in dem practischen Gesetze, ist eine unmittelbar apriorisch reale Form gegeben, die nicht blos die Unabhängigkeit von der Zeit sondern von allem Object (da es in sich real ist), daher wenigstens formal den absoluten Anfangspunkt, d. h. wenigstens negativ auch der Sache nach enthält. Vielleicht erscheint solcher Sachverhalt, wie er in der Verbindung „formal absolut auch der Sache nach" ausgedrückt ist, als paradox. Dies wird jedoch dann nicht mehr der Fall sein, wenn uns die formale Unbedingtheit rücksichtlich des Sinnlichen positiv auch auf idealen Inhalt geführt haben wird. Ausserdem darf für den, der mit Kant begreift, dass apriori'sche Form sinnlichen Inhalt bestimmen könne, es noch weniger befremdlich sein, dass selbst das formale Apriori ganz unabhängig vom Sinnlichen die Handlung bestimme.

Es ist somit die durch den Willen gegründete Wirksamkeit gar keiner Analogie fähig mit der, welche die im theoretischen Vermögen erkannten Objecte in der Natur betrifft. Solche Analogie wird sich vielleicht später zeigen, falls wir zu einem idealen Objecte gelangen, steht aber der formalen, wenngleich unmittelbar realen, Freiheit des practischen Vermögens durchaus fremd gegenüber. Die Wirksamkeit der letzteren, als absolut unabhängig vom Sinnlichen, und doch zugleich von diesem selbst und sein Dasein gestaltend, ist vielmehr schöpferisch, und sollen wir den practischen obersten Grundsatz demgemäss bezeichnen, so würde er ein „Gesetz der Genialität," nicht Causalität heissen müssen. Wenn also selbst die Begriffe des Guten und Bösen nur Modi der Freiheit sein sollten, so durfte doch diese ihnen nicht „als eine Art Causalität" zu Grunde gelegt werden. Denn die Freiheit ist überhaupt keine theoretische Kategorie, keine theoretische Verstandesform und auch keine blos mittelbar reale Form wie die Kategorien der reinen Vernunft. Sie steht vielmehr zugleich den Begriffen von Raum und Zeit wegen ihrer unmittelbaren Beziehung zur Erfahrung und der transscendentalen Apperception wegen der Einheit, welche sie dem practischen Vermögen giebt, parallel, — jedoch eben nur parallel, da sie andererseits im Gegensatze zu jenen nicht blos unmittelbare Beziehung zum Realen hat, sondern auch selbst ein Glied des Daseins ist.

Ferner aber waren die Begriffe des Guten und Bösen selbst keine von Objecten (siehe oben S. 91—92), auf die sich die Kategorien anwenden liessen, sondern nur Formen. Sie sind selber practische Kategorien, die den theoretischen parallel stehen und, als solche, unmittelbar zur Freiheit eine Beziehung haben, wie die theoretischen zur Apperception. Denn sie sind aus der Analyse des sittlichen Urtheils gewonnen, wie jene aus dem des logischen, also aus dem practischen Verstande. Demnach darf Kant auch von dieser Seite nicht die vermeintliche Kategorie der Causalität durch Freiheit in gleiche Beziehung zum Guten und Bösen setzen, wie die der Nothwendigkeit zu den sinnlichen Objecten. Diesen Sachverhalt hat auch wiederum trefflich entwickelt Bona Meyer a. a. O. S. 200—206.

4.

Hier in der practischen Vernunft ist also der Mangel des idealen Erweises noch grösser als in der reinen. Denn während dort die idealen Formen, wenigstens im Verstande, möglichst vollständig aufgeführt waren, hat hier Kant erstlich nur eine apriorisch-sittliche Form entwickelt, zweitens in den theoretischen Kategorien vergeblich einen Ersatz gesucht und sie irrthümlich hierher übertragen.

Wir hatten in der theoretischen Vernunft ausserdem den Mangel jeder inhaltlich apriorischen Geistes-Analyse beklagt. Auch dieser Vorwurf trifft hier Kant und umsomehr, als die unmittelbare Beziehung des practischen Gesetzes auf Erfahrung sogar den Erfolg und die Bedeutung solcher Analyse noch sicherer gestellt hätte. Denn in der theoretischen Vernunft gebrach es der intellectuellen Anschauung, ob sie zwar nicht mit Kant zu leugnen war, an jeglicher objectiven Form und daher an der Möglichkeit, sie in objectiver Erkenntniss zu verwerthen. Hier aber ist im practischen Gesetze, weil dasselbe zugleich „Raum" und „Zeit" und der Apperception parallel steht (siehe oben S. 94), die Objectivität für eine intellectuelle Anschauung, falls eine solche entdeckt würde, sehr wohl möglich. —

Mit dem Fortfalle der transscendentalen Deduction des practischen Apriori ist aber keineswegs die transscendentale Eigenschaft „selbst" und also auch nicht der Mangel des Transscendentalen aufgehoben. Denn die Thatsache, dass das Apriori Erkenntniss begründet, dass apriorische Form auf endlichen Inhalt geht, bleibt auch im Practischen bestehen, trotzdem dazu nicht ein ausdrücklicher Beweis erfordert wurde, (siehe S. 69 u. 70), weil das practische Gesetz als solches unmittelbar auf die Dinge geht und auf ihre Erzeugung. Darin aber lag ja das Wesen des Transscendentalen. Der Mangel des letzteren war andererseits der, dass trotzdem das Apriori nach Kant sogar nur formal war, es auch inhaltlich die Erkenntniss bestimmen sollte. Denselben Mangel haben wir hier. Denn wir haben gesehen, dass Kant nirgend im Sinnlichen oder im Idealen zu einem apriorischen Inhalt gelangt, dass seine ganze Ethik rein formal begründet ist. War nun gleich diese Deduction eines apriori'schen Inhalts zum Beweise der Nothwendigkeit des Apriori, die hier unmittelbar gewiss ist, nicht erforderlich, so hätte sie doch die Einsicht verschafft, wie und auf welche Weise das Apriori auch dem Inhalte nach die practische Erkenntniss bestimmt.

Ja, eben wegen dieser grösseren Gewissheit der realen Bedeutung des Apriori im Practischen ist der Mangel des Erweises, wie dieselbe stattfinde, um so empfindlicher. Dieser Vorwurf wird selbst dadurch noch gesteigert, dass Kant in der „Kr. d. r. Vn." in den Schematismen doch wenigstens mittels der Kategorien die Einheit der Apperception auf Erfahrung überzuführen suchte. Hier aber fehlen ihm die Kategorien, und es gelingt ihm daher keine Ueberführung des Freiheitsbegriffs, trotzdem dieser unmittelbar der Erfahrung nahe steht und es keiner Vermittelung durch den Begriff innerer Anschauung und durch Schematismen bedurft hätte. Es ist also dieser grössere Mangel die Consequenz des vorher besprochenen grösseren Mangels, dass auch das practische Vermögen hinsichtlich des Apriori nicht inhaltlich analysirt ist (vgl. S. 177).

Somit hätte Kant zwar hier, wie in der reinen Vernunft, darthun müssen, dass unser Geist apriori'schen Inhalt enthält, und dadurch es begreiflich machen können, wie practisch und theoretisch auch inhaltlich die Erkenntniss bestimmt wird. Andrerseits wäre aber auch hier der Beweis unmöglich gewesen, dass alle objective Erkenntniss nur apriori'schen bestimmt ist. Denn es gilt dies nur von der blos formalen, von der inhaltlichen Erkenntniss aber nur, sofern sie „auch" formal ist, oder falls sie ideal ist. Sofern die inhaltliche Erkenntniss aber material, d. i. ',„blos" sinnlich ist, kann sie in „dieser" Rücksicht „nicht" apriorisch bestimmt sein. Nun ist aber auch die practische Erkenntniss material, wenigstens in der Anwendung auf „Erfahrungsobjecte" wie wir bei Kant selbst in der „Tugendlehre" sehen, also geht die Empirie nicht von ihr abzuweisen. Dass es Kant dennoch thut, wird die Ursache davon, dass Apriori und Empirisches bei ihm nur ganz äusserlich verbunden sind und er es nie dahin bringt, einen sinnlichen Inhalt wirklich ethisch zu begreifen und ihm ethische Bedeutung abzugewinnen. Denn dies kann nur da geschehen, wo die Moralität den sinnlichen Objecten gegenüber sich nicht blos abweisend verhält, sondern sie als positive ethische Objecte anerkennt. Freilich dürfen die sinnlichen Objecte dem moralischen Gesetz nicht widersprechen, müssen vielmehr nach dessen Erfüllung als inhaltliche Zweckbestimmungen zur vorangegangenen formalen Reinigkeit des Willens hinzutreten. Dazu kann es aber Kant nicht bringen. Dies im Einzelnen an seiner Ethik nachzuweisen, würde hier zu weit führen. Nur Eines sei erwähnt: In Kant's „Tugendlehre" sollte man eine Behandlung der ethischen Objecte erwarten. Auch da geschieht es nicht, wie schon der Begriff der Tugendpflicht beweist. „Tugend" ist nach der „Analytik d. pr. Vn. S. 198 der moralische Zustand, darin er [nämlich der Mensch] jedesmal sein kann", d. i. „moralische Gesinnung im Kampfe", also die innere Tüchtigkeit und Tapferkeit des Menschen. Nun ist Ethik im engeren Sinne Lehre von den inneren Pflichten. Denn in der Einleitung zur „Metaphysik der Sitten" S. 12 sagt Kant: „. . Gesetze der Freiheit heissen . . . . sofern sie auf blosse äussere Handlungen und deren Gesetzmässigkeit gehen, . . , juridisch; fordern sie aber auch, dass sie (die Gesetze) „selbst" die Bestimmungsgründe der Handlung sein sollen, so sind sie „ethisch", und alsdann sagt man: Die Uebereinstimmung mit den ersteren ist die Legalität, die mit den zweiten die Moralität der Handlung". Vergl. ebenda S. 18 und Kr. d. pr. Vn. S. 183 und 194. Der Zwang, den das moralische Gesetz hier ausübt, ist also kein äusserer, wie in der juridischen Gesetzgebung d. h. nicht nur gemäss demselben, sondern ein innerer, d. i. des Gesetzes „willen". Also ist die allgemeine Pflichtenlehre nach Kant in dem Theile, der nicht die äussere Freiheit sondern die innere unter Gesetze bringt, „Tugendlehre": Vergl. Metaphysik der Sitten S. 202.

Schon hier wird in dem Begriffe der „Tugendlehre" als Lehre von den inneren Pflichten der Begriff der Tugend mit dem der Pflicht in eigenthümlicher Weise identificirt. „Pflicht" war aber im moralischen Sinne die objectiv-practische Handlung. Während daher in der Rechtslehre die Moralität nur zur Legalität herabgedrückt*) und blos formal war, soll in der Tugendlehre schon der Begriff der Pflicht „selbst", weil er als inhaltlich bestimmend auftrete, zu einem Zweck führen. Denn es sagt Kant am letzt erwähnten Orte S. 209: „Die Rechtslehre hatte es blos mit der formalen Bedingung der äusseren Freiheit (durch die Zusammenstimmung mit sich selbst, wenn ihre Maxime zum allgemeinen Gesetz gemacht wurde), d. i. mit dem Recht zu thun, die Ethik dagegen giebt noch eine Materie (einen Gegenstand der freien Willkür) einen Zweck der reinen Vernunft, der zugleich als objectiv nothwendiger Zweck, d. i. für den Menschen als Pflicht vorgestellt wird, an die Hand."

Schon in dem Verhältniss der Handlung zum Willen soll nach Kant das sittliche Object enthalten sein, und welches dieses Object, d. i. diese innere Pflicht sei, müsse die Tugendlehre darthun.

Es kann kein äusseres Object sein, denn darin läge ein äusserer Zwang, der mit der sittlichen Freiheit unverträglich sei. Also könne ein sittlicher Zweck nur ein solcher sein, der zugleich „Pflicht" ist. Denn dass ich mich selbst zwinge, bestehe mit der Freiheit gar wohl zusammen. (Siehe ebd. S. 205.)

---

*) Das Recht ist aber das sittliche Gesetz des „allgemeinen" (was jedoch als apriori'sch nicht summarisch, etwa wie in der Demokratie zu fassen ist) Willens wie die Tugend des „Einzel"-Willens. Das Recht ist also nicht an sich und seinem Ursprunge nach äusserlich, sondern nur sein Verhältniss zum einzelnen Menschen ist im Vergleich mit dem der Tugend zu Letzterem äusserlich. Man kann daher sagen: die rechtliche Handlung hat ihren sittlichen Werth „nur" in ihrem göttlichen „Ursprunge", die sittliche zugleich in ihrem „individuellen Urheber". Diese erfolgt auch aus gutem Herzen, jene blos aus gutem Grunde.

Einen solchen Zweck haben wir nach Kant nur in den „Tugendpflichten". Diese nämlich sind von den „Rechtspflichten" unterschieden. Letztere dulden einen Zwang von Aussen. Sie nehmen ihren Bestimmungsgrund äusserlich und bestimmen nur die Handlungen, ihn zu realisiren gemäss der Pflicht. Wo aber die objective Bestimmung des Handelns mit der subjectiven zusammenfalle, wo letztere zugleich als „Object" gelte, wo der Zweck zugleich Pflicht sei, wo also die Pflicht nur das Förmliche betreffe, nur da sei sie sittlich, nur da sei Tugendpflicht (zu vergleichen ebenda S. 206—8).

Auf solche Weise ist dann der Zweckbegriff in die blosse sittliche Form des Handelns aufgegangen und so der Tugendbegriff von Kant vollständig mit dem Pflichtbegriff als „Tugendpflicht" identificirt. Es ist daher für Kant gar nicht mehr möglich, den Zweck, den das sinnliche Object selbst hat, den real objectiven Zweck, zu der sinnlichen Form (wie S. 96 von uns gefordert wurde) hinzutreten zu lassen und so die empirischen Objecte selbst in das sinnliche aufzunehmen, wie es etwa Aristoteles in der Nikomachischen Ethik gethan hat. So bleibt bei Kant das Verhältniss der empirischen Objecte zur Moral ohne triftigen Grund nur äusserlich und locker, wie es beim Aufgehen des Zwecks in die Form nicht anders sein kann. — —

Es ist nicht nicht nöthig, noch weiter in den sachlichen Abschnitten der Kr. d. p. Vn., die uns hier angingen, diesen theoretischen Mangel auch als solchen zu erweisen. Denn dem Wesen nach bleibt er derselbe, und es kam hier nur darauf an darzulegen, dass in Kant's theoretischer Philosophie der letzte Grund für diesen Fehler zu suchen ist.

B. In den theoretischen Abschnitten.

Dass auch Kant selbst dieses Verhältnisses sich bewusst war, zeigen uns deutlich die Abschnitte, welche ausdrücklich den Zusammenhang mit der speculativen Vernunft erörtern.

Dort behauptete Kant erstlich in der Beigabe von der Deduction der Grundsätze, die Analytik zeige, dass reine Vernunft für sich practisch sein, „d. i. unabhängig von allem Empirischen den Willen bestimmen könne."

Hier fusst also Kant auf der idealen Macht des Apriori in practischer Beziehung ganz in dem angebenen fehlerhaften Sinne. Denn „für sich allein" ist reine Vernunft nicht practisch, höchstens in formaler Beziehung. Dass aber die Form nicht zum Handeln ausreiche, ist oben dargethan. Kant fügt sogar den Grund des Irrthums bei, wenn er „für sich practisch" als ',,unabhängig von allem Empirischen" erklärt. Diese Ansicht war eben willkürlich, sie war weder hier, wie gezeigt, erwiesen noch in der „Kr. d. r. Vn.", ist aber eine Consequenz des dorther übernommenen Begriffs vom Apriori (S. oben S. 88—90). Nur von allem Sinnlichen unabhängig und zwar auch dies nur zunächst, soll reine Vernunft den Willen bestimmen, insofern er an nothwendige und allgemeine Gesetze gebunden ist. Also bleibt die ideale Macht der reinen Vernunft, da sie im practischen Gesetze dies leistet, und damit die subjective Existenz des Apriori auch in der practischen Vernunft bestehen, aber nicht so, dass reine Vernunft ausschliesslicher und somit das Apriori nicht einziger practischer Bestimmungsgrund des Willens ist. —

Am genauesten geht Kant auf die transscendentale Seite in den theoretischen Abschnitten ein. In der Beigabe I zu den Grundsätzen hob er ausdrücklich den Gegensatz zwischen theoretischer und practischer Vernunft hervor, nach welchem jene nur den Begriff der Freiheit als möglich sicherte, während letztere für denselben ein aus allen Datis der Sinnenwelt unerklärliches Factum an die Hand gebe. Es ist also die Unmittelbarkeit des practischen Apriori sowohl rücksichtlich seiner Entdeckung als seiner Realität, die hier betont wird. Sie macht die transscendentale Deduction überflüssig. Aber nicht nur dies, sondern im Practischen diente nach Kant das Apriori selbst zur Deduction der Freiheit eines sonst unerforschlichen Vermögens (S. ob. S. 70). Dass dies der Fall sei, ist in „Aufgabe I" und „II" von Kant erwiesen, wie wir bereits in der sachlichen Kritik (ob. S. 81—82) anerkannt haben. So ist also Kant sich dieses theoretischen Vorzugs des practischen Apriori wohl bewusst.

Ebenso bewusst aber tritt er dafür ein, dass dieser Vorzug nicht hinsichtlich des apriori'schen Inhalts ausgebeutet werde. Denn in II. Beigabe gestattet er zwar, den Begriff der Causalität im Practischen auf das Uebersinnliche anzuwenden, aber nicht etwa, weil hier ein apriori'scher Inhalt irgend wie sich darbiete, sondern weil es dessen nicht bedürfe. Wir haben aber oben gesehen (S. 94—95) dass wir allerdings auch hier eines Inhalts bedürfen. Die grössere Unmittelbarkeit des practischen Apriori zeigte wohl dessen Nothwendigkeit zur Erkenntniss gewisser und evidenter, als es beim theoretischen Apriori möglich war; aber dass sie den Inhalt als Bestimmungsgrund, sei er ideal oder material, entbehrlich mache, war nirgends dargethan; nein, wir haben ebenda gesehen, dass grade die grössere Unmittelbarkeit die Analyse nach einem inhaltlich apriorischen Besitz erleichtern musste. Kant geht aber hier wie in der „Kr. d. r. Vn." nichts über den Umstand, überhaupt die Gewissheit des Apriori festzustellen, und da er dies im Practischen so leicht vermochte, da er sogar hier eine Steigerung der Gewissheit sieht, die er selbst trefflich hervorhebt, glaubte er, den Inhalt entbehren zu können.

So ist klar, dass Kant den sachlichen Fehler auch theoretisch macht, oder vielmehr, weil ja die speculative Vernunft vorangegangen war, ihn im Practischen sachlich macht, weil er ihn in der „Kr. d. r. Vn." theoretisch gemacht hatte.

Weder sachlich noch theoretisch ist also der Mangel der Anerkennung eines apriorischen und eines empirischen Inhalts, als eines zur practischen Erkenntniss nothwendigen Momentes seitens Kant's gerechtfertigt.

III. **Ueber das Verhältniss des kritischen Moments im theoretischen Apriori zum practischen.**

Die kritische Seite des Apriori bestand in dessen Beschränkung auf Erfahrung. Bleibend war in diesem Ergebniss nur die Einschränkung in objectiver und positiver Rücksicht auf Erfahrung, da es keine intellectuelle Anschauung von objectiver Bedeutung gab; der Mangel war aber, dass Kant überhaupt die Möglichkeit intellectueller Anschauung leugnete.

Wir untersuchen zunächst, wie Kant in den sachlichen Theilen diese kritische Seite bestimmt hat.

A. **In den sachlichen Theilen.**

Hier besteht die kritische Consequenz zur reinen Vernunft darin, dass alle Erkenntniss im Practischen nach Kant nur „formal" sein soll. Denn wenn im Theoretischen gezeigt war, dass ein apriorisches Object nicht möglich sei, also die apriorische Form nur in der Erfahrung ihren Inhalt bekommen könne, und somit auf diese beschränkt sei, so hat Kant, wie wir aus der Darstellung seines kategorischen Imperativ's und unserer sachlichen Kritik desselben wissen, hier zu zeigen versucht, dass im Practischen keine sinnlichen Objecte weder unmittelbar noch mittelbar den Willen bestimmen dürfen. Da es nun auch keine apriorischen Objecte nach der „Kr. d. r. Vn." geben durfte, so blieb nur übrig, dass die practische Erkenntniss blos „formal" sei.

Ist dieser Beweis nun geglückt? Keineswegs. Hinsichtlich des Ausschlusses aller empirischen Objecte ist der Kant'sche Irrthum bereits dargelegt, ebenso, dass selbst die apriorischen Formen zur Erfahrung, nämlich zur inneren, nicht inductiven, gehören. Dass Kant dies nicht zugiebt, ist, wie gleich zu Anfang unserer sachlichen Kritik gezeigt, eine aus der reinen Vernunft stillschweigend hierher übernommene Voraussetzung. Wie sie dort unberechtigt war, so ist sie es auch hier, und wir hatten sogar dann weiter gezeigt, dass das oberste practische Gesetz, gerade als erstes moralisches Factum nur durch Erfahrung entdeckt sein kann. — Somit ist 1) nicht erwiesen, dass das Apriori in der Ethik keine empirischen Objecte wenigstens formal bestimmen könne. 2) Auch wenn jenes dargethan wäre, würde die ethische Erkenntniss, selbst als blos formal, noch empirisch sein. — Also ist in letzterer Hinsicht, selbst bei Anerkennung der kritischen Seite des theoretischen Apriori die Consequenz nicht richtig gezogen, hat aber freilich in der der speculativen Vernunft entnommenen Auffassung des Wesens desselben, als eines seinem reinen Wesen nach ausserhalb aller Erfahrung Stehenden, seinen Grund und ist daher, wenn auch nicht als eine Folge der kritischen Seite in der theoretischen Vernunft, so doch als eine der Begriffsbestimmung des Apriori daselbst anzusehen.

Es ist daher sowohl sachlich als formal möglich, selbst bei Anerkennung des theoretisch-kritischen Moments des Apriori, auch im Practischen die Erkenntniss auf Erfahrung zu beschränken. Denn dass das ethische Object nicht empirisch sein könne, hatte Kant in der practischen Vernunft nicht erwiesen, und dass das blos formale Apriori nicht empirisch sein könne, war weder in der „Kr. d. r. Vn." noch hier gezeigt, ist vielmehr hier als eine in jener unbewiesenen Voraussetzung ohne Weiteres übernommen.

Nun haben wir aber sogar nur bedingt die theoretisch-kritische Schranke anerkannt, nur in objectiver Hinsicht, weil es keine intellectuelle Anschauung von objectiver Bedeutung giebt. Also wird auch hier Kant's kritische Ansicht in gleicher Weise einzuschränken sein und nach dem Gesagten auch eingeschränkt werden können, nämlich dahin: dass es keine positive und objective practische Erkenntniss jenseits der Erfahrung giebt. — Oder sollte etwa hier eine objectiv-intellectuelle Anschauung möglich sein? Zu solcher würde erfordert werden, dass ein apriorischer Inhalt nicht blos unmittelbar gegeben wird, sondern auch in apriorischen Formen, die sich in der Sinnenwelt zeigen und daher Anderen deutlich machen lassen. Dass ein apriorischer Inhalt gegeben werde, ist überhaupt nicht unmöglich, wie schon bei der „Kr. d. r. Vn." dargethan, und dass die intellectuelle Anschauung davon Anderen deutlich gemacht werde, ist im Practischen auch möglich, **falls sie nothwendige Beziehung zum unmittelbar realen practischen Gesetz hat.**

Also ist es freilich auch weiter möglich, dass es im Practischen eine **objective Erkenntniss** jenseits der Erfahrung giebt. Auf welche Weise dies geschehen könne, wird uns die Betrachtung von Kant's kritischer Einschränkung in den **theoretischen** Theilen klar machen.

B. In den theoretischen Theilen.

Nach Kant bestand die Eigenthümlichkeit der kritischen Seite hier in der blos formalen Beschaffenheit der Erkenntniss. Solche Erkenntniss war in der theoretischen Vernunft leer oder blos intuitiv. Hier braucht sie nicht intuitiv zu sein und ist trotzdem nicht leer. Denn die Form des practischen Gesetzes ist **unmittelbar real und nicht blos von unmittelbar realer „Beziehung,"** wie die transscendentale Apperception oder „Raum" und „Zeit," **bedarf also auch nicht einmal im Allgemeinen der Vermittlung durch sinnliche Anschauung.** Diesen Unterschied hat Kant richtig angegeben und mit Recht darauf im Practischen die Möglichkeit blos formaler objectiver Erkenntniss ohne Beziehung auf empirischen Inhalt oder auf Raum und Zeit im Allgemeinen (wie in der Mathematik) basirt. Dies ist freilich von Kant erwiesen, aber dass solche **formale Erkenntniss** auch im Practischen nicht **ausreiche,** haben wir andererseits dargethan. Ja, wir dürfen behaupten, dass Kant grundlos einen Vorzug sich hier hat entgehen lassen.

Er hätte, gerade der grösseren Unmittelbarkeit des Apriori halber im Practischen den Schluss auf einen apriorischen Inhalt machen sollen. Denn wenn das Apriori hier „unmittelbar schöpferisch" im Sinnlichen ist und dies nicht blos „formal," sondern dem „Dasein" nach bestimmt, so kann es dies nur, weil es aus einem apriorischen „Inhalte" stammt. Denn wie soll blosse Form Inhalt „erzeugen?" Kant selbst scheint dies zu ahnen. Denn in dem Zusatz zur „Analytik der pr. Vn.", den er als „kritische Beleuchtung" derselben bezeichnet, vergleicht er S. 216 a. a.

O. das „Gewissen" mit der „intellectuellen Anschauung" und sucht in ihm für letztere einen Ersatz. Wir dürfen nach dem bereits von uns Ausgeführten „das Gewissen" geradezu als „die practische intellectuelle Anschauung" bezeichnen, dessen Gewissheit uns objectiv durch die stete Beziehung zum moralischen Gesetz verbürgt ist. Im Gewissen hat Kant also das Vermögen gefunden, welches unmittelbar auf den apriorischen Inhalt geht und im Practischen eine „inhaltlich objective" Erkenntniss der intelligiblen Welt möglich macht. (Vgl. oben S. 193.)

Aber auch in Beziehung zur theoretisshen Vernunft wird die Einschränkung Kant's auf Erfahrung hierdurch verhängnissvoll. Allerdings gesteht Kant, in freilich nicht von uns besprochenen Abschnitten der Kr. d. pr. Vn. eine Erweiterung der r. Vn. zu, jedoch nur in practischer, nicht in theoretischer Absicht, obschon er der practischen Vernunft sogar einen „Primas" vor dieser zugesteht.

Allein es ist auch eine „theoretische" Erweiterung unserer Erkenntniss möglich „durch" die practische Vernunft nicht blos „in" dieser. Denn giebt es eine objectiv intellectuelle Anschauung in practischer Beziehung, so hindert nichts, die theoretischen Kategorien hier mittels der „Freiheit," die ja unmittelbare Beziehung zum intelligiblen wie realen Sein hatte, auf das Gewissen, als auf die „practisch" intellectuelle Anschauung, anzuwenden wie im Theoretischen auf die sinnliche Anschauung. (Vgl. auch S. 101 fg. oben).

Auf solche Weise würden wir ideale Objecte erkennen, freilich nur soweit, als das „Gewissen" und das practische Gesetz uns das ideale Gebiet erschliesst, und es gäbe in diesem Sinne die practische Erkenntniss zugleich eine Erweiterung der theoretischen in objectiver Beziehung, also eine Annäherung zur theoretischen Einheit im Grunde. (Siehe oben S. 56).

IV. Ueber das Verhältniss des Antidogmatischen im Apriori der r. Vn. zu dem der pr. Vn.

Das Antidogmatische hatte in der reinen Vernunft die Bedeutung, dass alle apriorische Erkenntniss nur solche von Erscheinungen war. Da aber Erscheinungen nur die Objecte sinnlicher Erkenntniss nach Kant sind, so ist offenbar, dass diese Seite des Apriori bei dessen Auffassung der Ethik als blos formaler Erkenntniss nur negative Anwendung im Practischen finden kann. Dass dies geschieht, haben wir in der Darstellung des kategorischen Imperativ's wie bei dessen sachlicher und theoretischer Kritik gesehen. Das practische Gesetz sollte uns ja in eine intelligible Welt versetzen und damit den Erscheinungen entziehen.

Freilich war das moralische Gesetz rein, aber darum machte es uns noch nicht zum Ding an sich. Denn es war blos formal und daher, wie gezeigt, dieser Unterschied zwischen Erscheinung und Ding an sich gar nicht anwendbar. Denn die Form ist eben Form und weder sinnliches noch ideales Object, sie liefert uns also weder Erscheinungen noch Dinge an sich.

Somit widerspricht also Kant in der „Kr. d. r. Vn." zwar wirklich nicht dem Satze, dass alle Erkenntniss nur Erkenntniss von Erscheinungen ist, aber dieser Begriff hat hier nur negative Bedeutung. Haben wir doch schon bei Kritik der theoretischen Vernunft gesehen, dass jener Satz nur auf inhaltliche Erkenntniss geht. Von blos formaler Erkenntniss zu reden, hatte aber Kant in theoretischer Vernunft, wo es sich um Behandlung der Frage nach der Möglichkeit objectiver Erkenntniss handelte (abgesehen von der Mathematik) keinen Anlass, weil die Formen dort alle mittelbar waren und also für sich allein keine reale Bedeutung in der Erkenntniss haben konnten, sondern alsdann nur subjectiv und abstract blieben oder wenigstens, wie in der Mathematik, auf die Anschauung im Allgemeinen gingen.

Die Form des practischen Gesetzes ist nun zwar unmittelbar real und also gar nicht Erscheinung, aber doch andererseits eben blos „Form" und darum wenngleich nicht leer, so doch inhaltsleer, hat daher mit jenem Begriffe von Erscheinungen, der nur sinnliche Objecte betrifft, nichts zu thun.

Wie jedoch liegt die Sache bei unserer Beschränkung der kritischen Seite, durch welche wir eben (im Abschn. 3) die Möglichkeit und das Bedürfniss einer objectiven Erkenntniss jenseits der Erfahrung dargethan haben? Auch diese Erweiterung giebt uns „nicht die Dinge an sich," sondern nur, wie sie mittels der „dem Ursprunge nach subjectiven theoretischen" Verstandesformen erkannt werden, freilich ohne Hülfe der endlichen Anschauungsformen. Daher ist diese Erkenntniss nicht blos „Erscheinung," wie die Erfahrungserkenntniss mit ihrem sinnlichen Inhalte, aber doch „Analogie" derselben.

Das Antidogmatische behält somit, wie es in der reinen Vernunft richtig dargestellt war, auch im Practischen denselben Sinn, dass alle Erkenntniss, sofern sie nicht „blos formal ist," nur „Erscheinungen" oder „Analogie" derselben betrifft. Der Unterschied ist nur der, dass, da es in der reinen Vernunft gar keine objective Erkenntniss ausser der Erfahrung gab, es dort nur Analogien subjectiver Erkenntniss geben konnte, — hier aber, wo im Practischen es objective Erkenntniss im apriorischen Ideenreich giebt, auch Analogien „objectiver" Erkenntniss von Erscheinungen möglich sind. — — —

Stellen wir somit die Mängel und Vorzüge der Kant'schen Ethik gemäss dem kategorischen Imperativ sowohl in theoretischer als auch in practischer Beziehung zusammen, so war in letzter Hinsicht:
1) die Ethik Kant's zwar blos „formal" in allen ihren Theilen; aber Kant hatte das „oberste" formale Princip gefunden und gezeigt, dass es die Grundlage aller Moral sei. Es bleibt übrig, die „anderen" formalen sowie die materialen und idealen Principien im Ethischen aufzusuchen.
2) Das formale moralische Grundgesetz hatte eine „unmittelbar" reale „schöpferische" Bedeutung und sicherte damit die formale „Selbständigkeit" und „Unabhängigkeit" des Geistes von aller Erfahrung. So wurde die Freiheit und Reinigkeit des Willens auf dem unmittelbaren Bewusstsein des Menschen gegründet. — Indem Kant aber alle Erfahrung überhaupt vom Ethischen, als solchen, ausschloss und wohl ethische Beziehungen zu Objecten, aber nichts eigenthümlich Ethisches „in" diesen erkannte, blieb seine Ethik inhaltlos [und seine Rechtslehre äusserlich]. Es bleibt somit übrig, auch die ethischen Momente in dem Reiche der Natur und der Ideen aufzusuchen.
3) Kant's Ethik hat zwar den Begriff der „Pflicht" in seiner ganzen Bedeutung erörtert; es war darin das Verhältniss des Willens zur Vernunft und damit das der Handlungen zu den Objecten im Allgemeinen richtig bestimmt. Aber Kant hatte weder das Verhältniss des Willens zu den einzelnen Handlungen selbst noch zu deren idealen Objecten innerlich bestimmt und so die Moral weder als Tugendnoch als Güter-Lehre, sondern nur als „Pflichtenlehre" behandelt.

In theoretischer Beziehung hat Kant auch practisch bestätigt:
a) dass das Apriori ein Schöpferisches ist;
b) dass unser Geist ein solches enthält;
c) dass es Realität in nothwendiger und allgemeiner Erkenntniss hat;
d) dass es unsere objective positive Erkenntniss auf „Erfahrung" beschränkt;
e) dass es dieselbe auf Erscheinungen und Analogien derselben einschränkt.

Er hat jedoch aufs Neue verkannt:
ad a) dass „das Apriori" nicht von aller Erfahrung „unabhängig" ist;
b) dass es nicht vollständig in unserem Geiste aufgesucht ist;
c) dass nicht in „ihm allein" alles nothwendige und sittliche Handeln enthalten sei, sondern zum Theil noch Empirisches hinzukommen müsse;
d) dass es sowohl subjectiv positive Erkenntniss als Analogie objectiv positiver Erkenntniss jenseit der Erfahrung geben könne.

INHALTS-VERZEICHNISS.

	Seite
Vorwort	V—IX
Einleitung	1—3
I. Beitrag. Ueber den wahren Grundgedanken der philos. Ansicht Kant's	4—56
1. Kapitel: Historische Entwickelung des Apriori	4—13
1. Kant's Entdeckung des Apriori	5—8
2. Kant's Platonismus	8—13
Excurs über Kant's Theorie der Erfahrung von Dr. Herm. Cohen	13—22
1. Das Verhältniss von Kant's Apriori zu den Problemen von den „angebornen" Ideen (bes. bei Leibnitz) und von den „erworbenen Vorstellungen" (Herbart's)	13—15
2. Ueber die Auflösung apriorischer Formen in psychologische Processe	15—16
3. Die Bedeutung des Ausdrucks „apriorische Form" bei Kant	16
4. Ueber Cohen's Auffassung der Kr. d. r. Vn. als einer „Kritik der Erfahrung"	16—19
5. Missdeutungen des Transscendentalen bei Cohen	19—22
a. als eines die Erfahrung construirenden Elementes	19
b. als eines „inhaltlichen Complementes" des Apriori	19
c. bei Auffassung des Verhältnisses der transsc. Aesthetik zur transsc. Logik	19—20
d. in der Auffassung der transscendentalen Deduction	20—21
e. in der der empirischen Realität und transsced. Idealität	21—22
2. Kapitel: Darstellung des Inhalts von Kant's Apriori	22—35
1. Das Apriori nach der Einleitung zur Kr. d. r. Vn.	23—26
2. Nach der Kr. d. r. Vn. selbst	26—35
A. Die ideale Seite des Apriori	26—28
B. Die transscendentale	28—30
C. Die kritische	30—32
D. Die antidogmatische	32—35
3. Kapitel: Ueber das Bleibende von Kant's Apriori der Kr. d. r. Vn.	35—57
A. Ueber das Wesen desselben, als eines Selbstschöpferischen in uns	36—40
a. Die Kriterien, die Genesis des Apriori und dessen Entdeckung durch Selbstbesinnung	36—37
b. Die schöpferische Macht des Apriori als Grund der nothwendigen Bestimmung des Inhalts synthetischer Urtheile. Die Bedeutung der letzteren	38—40

B. Ueber Kant's Erweis des aprior. Besitzes in den Grundlagen
der Erkenntniss . . . . 40—44
   a. Kant's Analyse der Receptivität hinsichtlich des Apriori 40—41
   b. Trendelenburg's Einwände gegen dieselbe . . . . . 41—43
   c. Kant's Analyse des spontanen Vermögens und das Wesen
     der synthet. Einheit . . . . 43—44
C. Ueber die Nothwendigkeit der Anwendung des Apriori bei obj.
Erkenntn. der Erfahrung . . . . 45—48
   a. Der blos formale Character dieser Nothwendigkeit . . 45—46
   b. Der Schematismus der reinen Verstandesbegriffe in seiner
     transscendentalen Bedeutung. . . . . 46—47
   c. Kant's Mängel in der transscendentalen Deduction . . . 47—48
D. Ueber Einschränkung aller nothw. Erkenntniss auf Erfahrung 48—51
   a. Kant's Mängel im Erweise derselben als Folge der Ver-
     kennung eines inhaltlichen Apriori . . . . 48—49
   b. Die demgemäss nothw. Einschränkung seines Kriticismus. 49—50
E. Ueber die Einschränkung aller nothwend. Erkenntniss auf Erscheinungen . . . . 51—57
   a. Die bleibende Bedeutung dieses Erweises und Cohen's Stel-
     lung zu demselben . . . . 51—52
   b. Trendelenburg's unberechtigte Einwände gegen denselben . 51—54
     1. hinsichtlich Kant's Subjectivismus . . . . 51—53
     2. hinsichtlich desselben Eidollismus . . . . 53—54
   c. Ueber den ernst gemeinten Unterschied von Erscheinung
     und Ding an sich . . . . 54—55
   d. Der Gesammtcharacter von Kant's theoret. Philosophie. . 56—57

II. Beitrag. Ueber den bleibenden Grundgedanken in Kant's Ethik . 58—106
1. **Kapitel:** Darstellung des kategor. Imperativ's . . . . 58—73
   1. Verhältniss der Kr. d. pr. Vn. zur Ethik . . . . 58—61
   2. Entwickelung des kategor. Imperativ's nach der Kr. d. pr. Vn. 61—68
   3. Ueber die Folgen der Bedeutung des kat. Imperat. für d. Ver-
     hältniss der theoret. zur pr. Vu. . . . . 68—73
2. **Kapitel:** Sachliche Kritik des kategorischen Imperativ's . . . . 73—106
   I. Der Voraussetzungen desselben, besonders des Begriffs der Ethik 73—75
   II. Kritik der Grundsätze und Lehrsätze der Kr. d. pr. Vn. . . 75—87
     1. Ueber Kant's willkürliche Einschränkung aller pr. Gesetze
       blos auf den Willen . . . . 75—76
     2. Einschränkung des ersten Lehrsatzes der Kr. d. pr. Vn.,
       betreffend die Untauglichkeit empirisch. Principien zu pract.
       Gesetzen . . . . 76—78
     3. Ueber Kant's Irrthum, dass alle objectiven Principien zum
       Princip der Selbstliebe gehören. . . . . 78—79
     4. Ueber Kant's III. Lehrsatz und den Ausschluss apriori-
       schen Inhalts aus der Erfahrung sowie aus deren objectiv
       gültigen Erkenntniss . . . . 79—81
     5. Das im kateg. Imperativ enthaltene pr. Gesetz als unmittel-
       bar reales Factum der r. Vn. . . . . 81—87

	Seite
a. Die empir. Entdeckung desselben trotz des apriorischen Ursprungs	83—84
b. Der kateg. Imperativ das erste, aber nicht einzige Factum der reinen pr. Vn.	84—87
C. Die Autonomie des Willens das erste, nicht das alleinige Grundprincip aller Moralität	87

2. Prüfung des kateg. Imperativ's im Verhältniss zu dem Begriffe und der Bedeutung des Apriori nach der Kr. d. r. Vn. . . . 87—105

   I. Ueber das Verhältniss der Begriffe des Apriori in der r. Vn. zu dem in der Begründung des kateg. Imperativ's . 88—90

      A. In den Abschnitten, die das Verhältniss zur theoret. Vn. erörtern . . . . 88—89

      B. In den sachlichen Abschnitten . . . . 89—90
      (Der ungerechtfertigte Ausschluss aller empir. Principien vom Sittlichen).

   II. Ueber das Verhältniss der idealen und transscendentalen Seite des Apriori zum Princip der pr. Vn. . . . . . 90—100

      A. In den sachlichen Abschnitten . . . . 90—98

        1. Ueberflüssigkeit einer transsc. Deduction des pr. Gesetzes . . . . 90—91

        2. Der formale Character der Begriffe des Guten und Bösen . . . . 91—92

        3. Das Verhältniss des Guten und Bösen zu den theoret. Kategorien . . . . 92—94

        4. Der grössere Mangel in der Auffindung des apriorischen Besitzthums in der Kr. d. pr. Vn. . . 94—98
        Das äusserliche Verhältniss zwischen den aprior. und empir. Momenten in Kant's Ethik . . . 96—98

      B. In den theoret. Abschnitten . . . . 98—100

   III. Ueber d. Verhältn. des krit. Moments im theor. Apriori zum pract. . . . . 100—103

      A. In den sachlichen Theilen . . . . 100—102

      B. In den theoret. Theilen . . . . 102—103

   IV. Ueber d. Verhältn. des Antidogmatischen im Apriori der r. Vn. zu dem der pr. Vn. . . . . 103—105

Beschluss . . . . 105—106

www.ingramcontent.com/pod-product-compliance
Lightning Source LLC
Chambersburg PA
CBHW022142160426
43197CB00009B/1401

Beiträge zum Verständniss Kant's ist ein unveränderter, hochwertiger Nachdruck der Originalausgabe aus dem Jahr 1874.
Hansebooks ist Herausgeber von Literatur zu unterschiedlichen Themengebieten wie Forschung und Wissenschaft, Reisen und Expeditionen, Kochen und Ernährung, Medizin und weiteren Genres.Der Schwerpunkt des Verlages liegt auf dem Erhalt historischer Literatur.Viele Werke historischer Schriftsteller und Wissenschaftler sind heute nur noch als Antiquitäten erhältlich. Hansebooks verlegt diese Bücher neu und trägt damit zum Erhalt selten gewordener Literatur und historischem Wissen auch für die Zukunft bei.

ISBN/EAN: 978-3-74280-931-5
www.hansebooks.com

hanse

Major Walker

Militiana, and other rhymes